KB023594

학교에서 함께 즐겁게 놀기!
학교야
놀자!
1+1=2

초판 1쇄 발행 | 2012년 2월 22일
초판 2쇄 발행 | 2014년 5월 30일
초판 3쇄 발행 | 2015년 10월 21일
지은이 | 박현웅, 공창수, 박광철, 정유진
펴낸이 | 이형세
편집책임 | 유정훈 press1@tekville.com
디자인 | 마음커뮤니케이션 www.maumc.net
일러스트레이션 | 고일준
펴낸곳 | 테크빌닷컴(주)
즐거운학교 www.njoyschool.net 티처빌 www.teacherville.co.kr
주소 | 서울특별시 강남구 논현동 114 성암빌딩 6층
전화 | 02-3442-7783(215)
팩스 | 02-3442-7793
ISBN | 978-89-93879-36-0 (03370)
정가 | 15,000원

학교에서 함께 즐겁게 놀기!
학교야 놀자!
1+1=2

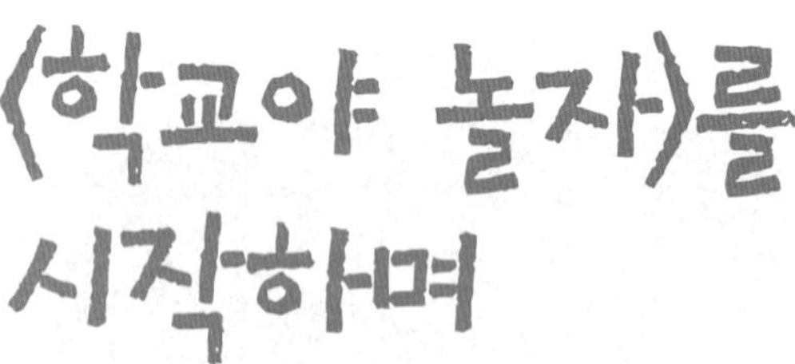

우리가 아이들과 함께 놀았던 다양한 놀이들을 소개하려고 합니다. 기존의 전래놀이, 동네에서 하던 놀이, 체육 시간에 하던 놀이, 스포츠 그리고 연극놀이 등 다양하게 연구하고 직접 실천했던 놀이들입니다. 물론 아이들이 재미있어 하고 선생님도 함께 행복했던 놀이들이지요. 더 많은 선생님과 아이들이 학교에서 함께 즐겁게 놀기를 바라며 이렇게 정리하여 한 권의 책으로 만들었습니다.

놀이는 그 자체만으로도 엄청나게 훌륭한 가치를 지닙니다. 즐겁게 노는 동안 아이들은 스트레스를 해소하고 인생의 즐거움을 느끼며 서로 의사소통하고 문제를 해결하는 방법을 배우기 때문입니다. 우리는 태어나서 어머니와 놀면서 세상에 첫걸음을 내딛습니다. 눈을 맞추고 혀를 날름거리고 표정을 짓고 엄마의 동작을 따라하면서 세상을 배웁니다. 그리고 좀 더 커서는 친구들과 놀면서 더욱 더 넓은 세상으로 나아가게 됩니다.

이 책에서는 가능하면 다른 놀이책들의 놀이와 겹치지 않도록 노력했습니다. 기존의 놀이들을 변형하거나 새롭게 창조해내기도 하였습니다. 술래잡기와 공놀이, 그 밖에 이런저런 놀이들을 아이들과 함께 놀고 토의

하고 장단점을 선생님들과 이야기 나누면서 더욱 더 재미있게 다듬었습니다. 그리고 다른 선생님들께서도 더 많이 활용할 수 있도록 체계적이고 쉽게 설명하였습니다.

기존의 놀이 형식 외에도 RPG(Role Playing Game)들이 추가 되었습니다. 놀이의 즐거움을 더욱 확대 하기 위해 판타지 소설이나 영화의 컨셉을 놀이에 적용하기도 했고, 역사 수업을 더욱 즐겁게 하기 위해 역사적 사실과 개념을 놀이에 적용하기도 하였습니다. 이는 기존의 놀이수업책에서 볼 수 없었던 부분입니다. 우리는 이미 놀이와 배움이 따로따로가 아님을 잘 알고 있습니다. 하지만 역사 RPG 놀이를 통해서 역사적 사실과 개념들을 재미있고 실감나게 느끼면서 알아가는 과정은 색다른 경험이 될 것이라고 생각합니다.

우리는 놀이와 노는 아이들, 노는 선생님들을 사랑합니다. 우리가 가지고 있는 소중한 경험들이 선생님에게도 전해진다면 얼마나 좋을까요? 그로 인해 교실이 행복해지고 학교가 행복해지고 우리의 삶이 더욱 행복해지기를 바라는 마음을 이 책 〈학교야 놀자〉로 전하고 싶습니다. 감사합니다.

A+

Contents

Part 1

놀이란 무엇인가?

다양한 놀이의 세계로 떠나기 전에 먼저 놀이란 무엇이며(what), 어떤 점이 좋으며(why), 어떻게 하면 더 잘 놀 수 있는가(how)와 같은 기본적인 이야기를 해보려고 합니다. 이런 이야기를 하는 이유는 단 하나! 더 잘 놀기 위해서입니다.

놀이란 무엇인가?

놀이의 정의를 내리기에 앞서 이전 연구들 중 중요한 이론 몇 가지만 살펴보려고 합니다. 놀이를 배우는데 무슨 이론이 필요하냐고 생각할 수도 있겠지만, 놀이를 지도하는 교사라면 앞서 말했듯 더 잘 놀기 위해서는 좀 더 개념을 명확하게 할 필요가 있습니다. 그리고 이런 개념은 어린 아이들이 모여서 놀다보면 새로운 놀이를 창조해내듯이 교사들도 아이들과 함께 기존의 놀이를 따라서 놀기만 하는 것이 아니라 함께 놀이를 변형하고 새롭게 창조하는 기쁨을 누리는데 큰 도움이 됩니다. 사실 이 책 또한 놀이의 변형과 창조의 기쁨에서부터 시작된 것이라 할 수 있습니다.

가. 놀이의 정의

놀이에 대해 본격적으로 연구를 한 후이징가(J. Huizinga)는 놀이하는 사람이라는 의미로 '호모루덴스'라는 개념을 주장하며 '놀이는 자유롭고 비일상적이며 이해관계가 없고 시간적·공간적으로 완결성을 지닌다'고 주장하였습니다.

후이징가를 비판적으로 계승한 카이요와(R. Cailois)는 '놀이는 생활을 위한 직접적인 이익을 추구하지 않고 자유와 즐거움을 찾기 위해 하는 신체적·정신적인 여러 가지 활동'이라고 정의하면서 좀 더 구체적으로 분석하였습니다.

우리는 카이요와(R. Cailois)의 놀이에 대한 정의 '놀이는 생활을 위한 직접적인 이익을 추구하지 않고 자유와 즐거움을 찾기 위해 하는 신체적·정신적인 여러 가지 활동이다'에 동의합니다. 따라서 놀이 과정에서의 자유와 즐거움을 느끼는 것을 넘어서 그 과정에서 배우고 느낄 수 있는 협력, 배려, 규칙 지키기, 운동 및 표현 능력 향상 등 다양하고 의미 있는 간접적 이익들에도 많은 관심을 갖고 있습니다.

"놀이는 자유와 즐거움을 누리기 위한 신체적, 정신적 활동이다."

나. 놀이의 분류

카이요와는 놀이를 방식에 따라서 경쟁 놀이, 우연 놀이, 모의 놀이, 현기증 놀이로 구분하고 각 분류마다 구조화의 정도에 따라서 원시적이고 단순한 놀이(파이디아 : Paidia)에서부터 룰과 질서를 갖춘 고도의 놀이(루두스 : Ludus)로 이어지는 단계가 있다고 이야기하였습니다.

종류	내용	구조화 정도
경쟁 (agôn)	여러 가지 스포츠나 퀴즈, 체스(서양 장기) 등 스피드나 체력, 기억력을 다투는 게임.	단순한 놀이(paidia) 보다 구조화된 놀이 고도로 구조화된 놀이(Rudus)
우연 (alea)	주사위나 제비뽑기 등 여러 가지 내기와 같이 운을 다투는 게임.	
모의 (mimicry)	소꿉장난이나 가면을 쓰고 하는 변장을 비롯해 연극이나 영화, 문학에 이르기까지 상상을 통해 자기를 탈출하여 자기 이외의 것이 되려는 놀이	
현기증 (ilinx)	빙글빙글 돌며 노는 놀이. 그네타기를 비롯해서 춤이나 무용에 의해 무아도취(無我陶醉)에 도달하는, 현기증과 황홀감에 의해 현실에서 이탈하려는 놀이.	

위 표에서처럼 핵심적인 요소 네 가지에 따라 놀이를 분류하고 각 분류마다 구조화 정도에 따라 단계를 나누고 있습니다. 우리는 놀이 전체를 다루는 것이 아니라 주로 학교에서 학생들과 함께 하는 보다 좁은 놀이를 다루고 있기 때문에 카이요와의 핵심 요소에 의한 분류보다는 구조화 정도에 따라서 놀이를 분류하였습니다.

종류		내용
놀이	놀이	게임과 스포츠를 모두 포함하는 넓은 의미를 갖고 있지만 좀 더 단순한 놀이들을 놀이라고 부른다. 낮은 수준의 경쟁, 운, 모의, 현기증을 경험할 수 있다.
	게임	놀이보다 장소, 시간, 인원수, 규칙 등이 더욱 구체적이고 방법도 보다 구조화되어 있는 놀이를 게임이라고 부른다.
	경기	게임 중에서 경쟁적 요소가 더욱 더 강할 때 경기라 부른다.
	스포츠	경기 중에서도 경쟁적 요소가 더욱 강하고 고도로 구조화되어 있으며 전문적으로 행하는 놀이를 스포츠라 부른다.

이 책에서는 주로 '단순한 놀이'와 '보다 구조화된 놀이'까지를 다루게 될 것입니다.

2. 놀이를 왜 하는가?

본능이기 때문입니다. 어떤 이들은 극한의 생존 위기마저도 놀이로 만들어 버리고, 일조차도 놀이로 만들어 버립니다. 또 어떤 이들은 일하는 짬짬이 일에서 벗어나서 낙서를 하거나, 요즘에는 카카오톡과 같은 것을 하면서 놉니다. 사람은 이런 과정을 통해 자유와 즐거움을 느끼게 됩니다. 여러 학자들의 이야기를 좀 더 살펴보겠습니다.

프로이트(Freud)는 놀이의 주된 기능을 '카타르시스', 즉 부정적인 감정을 정화시켜주는 기능을 한다고 하였습니다. 놀면서 즐거움을 느끼고 부정적 감정을 극복해내는 과정을 통해 심리적으로 건강해질 수 있다는 것입니다.
피아제(Piaget)는 발달의 기본적인 메커니즘으로 인간과 환경 간의 상호작용 '동화'와 '조절'을 들었습니다. 비고츠키(Vygotsky)는 놀이를 통해 추상적 사고능력이 생긴다고 주장하였으며 그런 상호작용은 피아제가 이야기한 인간과 환경 간의 상호작용만이 아니라 인간과 인간의 상호작용을 매우 중요하게 여겼습니다.
베잇슨(Bateson)은 놀이의 내용과 맥락을 구별하여 놀이를 통한 의사소통 측면을 강조합니다. 예를 들면 엄마 아빠 놀이라는 맥락 속에서 아빠의 역할을 하면서 놉니다. 그리고 그러한 맥락이 깨지면서 놀이가 끝나거나-가상현실에서 현실로 돌아오거나, 새로운 놀이-새로운 맥락, 새로운 가상현실을 만들기도 합니다.

어이쿠 이런! 노는 걸 배워보려다가 여러 학자들의 연구를 공부해야 하는 상황이 되었네요. 하지만 앞서 말씀드렸듯 이런 개념들을 잘 알면 더 잘 놀 수 있고 새로운 놀이를 창조하는 데도 큰 도움이 됩니다. 우리가 소개하는 놀이를 실천하면서 위에서 언급한 개념들을 자연스럽게 알 수 있게 될 것입니다. 지금까지의 논의를 종합해서 정리해보겠습니다.
아이들은 자유와 즐거움을 위한 신체적 정신적 여러 가지 활동을 하면서

❶ 부정적 감정을 털어내고 심리적으로 건강해지며
❷ 환경과 상호작용하며 발달하고
❸ 친구들과의 상호작용을 하며 발달하며
❹ 맥락과 내용의 경험과 재구조화를 통해 의사소통 능력이 향상됩니다.

이것이 바로 가장 본질적인 인간의 모습, 놀이하는 인간 호모루덴스입니다. 우리는 놀이를 가장 인간적인 활동이며, 인간을 인간답게 하는 활동이라고 여깁니다.

이외에도 우리의 경험을 통해 정리한 놀이의 좋은 점은 다음과 같습니다.

❶ 혼자 노는 것보다 함께 노는 것이 더욱 더 즐겁다. 우리 인생을 더욱 행복하게 해준다.
❷ 즐겁게 놀다보면 신체적 능력이 향상된다.
❸ 노는 과정에서 자신을 표현하고 타인을 이해하는 능력이 향상된다.
❹ 타인의 움직임이나 자신의 움직임 등에 보다 민감하게 반응하는 능력이 향상된다.

❺ 함께 즐거우려면 규칙을 지켜야 함을 배우게 된다.
❻ 놀이를 더욱 더 잘하려면 혼자 이기려하는 것보다 협력할 때 더 잘할 수 있고 더 큰 즐거움을 느끼게 된다.
❼ 이기는 것을 넘어서는 더욱 소중한 가치–배려하는 행복, 놀이 그 자체의 가치를 경험하면서 더욱 더 맑고 행복한 사람이 된다.

이처럼 놀이는 개인적인 향상만이 아니라 사회적인 능력 향상에 큰 영향을 미칩니다. 또한 함께 놀면서 느끼는 일체감은 우리가 성장하는 데 매우 큰 힘이 됩니다. 우리는 하나의 개체로서 깊은 외로움과 두려움을 가지고 있습니다. 그래서 의미있는 관계를 맺고 싶어하는 강렬한 욕구를 가지고 있습니다. 함께 놀면서 이런 외로움과 두려움을 떨쳐버리고 관계 속에서 하나가 되는 특별한 경험을 할 수 있습니다. 그래서 우리는 본능적으로 혼자 놀기보다 함께 놀고 싶어 하는 것입니다.

학급에서 규칙을 지키고 서로 존중하라고 말로 가르치는 것보다 놀이를 통해서 더욱 더 실감나게 배울 수 있습니다. 규칙 없이 놀 때와 규칙을 정하고 지키면서 놀 때를 비교하면서 아이들은 규칙의 필요성을 더 잘 배울 수 있었습니다. 또한 놀이를 계속하면서 행복했던 때는 승리했을 때보다 실수하거나 패배했을 때 서로 격려하고 지지하는 과정에서 용기를 얻었던 때임을 느끼게 되면 인격은 더욱 더 성숙하게 됩니다.

우리는 함께 잘 놀 때 인생이 더 즐거워질 뿐만 아니라 더 훌륭한 사람으로 성장한다는 것을 여러 연구자들의 연구결과와 함께 직접 그 과정을 경험하면서 깨닫게 되었습니다.

★ 3. 어떻게 놀아야 잘 노는 걸까?

'놀이 연수를 배운 다음 날 교사와 아이들은 더욱 불행해진다.'
라는 이야기가 있습니다. 혹시 이런 경험을 해본 적이 있지 않으신가요? 어떻게 놀아야 잘 노는지에 대한 정답은 없습니다. 교사와 아이들의 상황, 놀이의 종류에 따라 다양하기 때문입니다. 도리어 잘 놀려고 하면 할수록 더 어려워지기도 합니다. 어떤 사람들은 이런 것들을 배우지 않고도 잘 노는가 하면 또 어떤 이들은 열심히 노력해도 어렵습니다.
이처럼 어떻게 놀아야 잘 논다고 규정하는 것이 쉽지는 않지만 재미있게 놀았던 경험들을 돌아보면 몇 가지 공통적인 원칙과 절차, 구조들이 있습니다. 그중 의미 있었던 것들을 소개하고자 합니다.

가. 놀이 과정의 기본 구조

더욱 즐겁고 의미 있는 놀이를 위해 구조를 활용하는 것은 많은 도움이 됩니다.

도입	다음의 이야기를 나눕니다. ❶ 하고자 하는 놀이는 무엇인가? What? ❷ 하는 이유는 무엇인가? Why? ❸ 어떻게 하는가? How? ❹ 할 때 꼭 지켜야 할 것은 무엇인가? Rule ★ 이미 나누었다면 규칙에 대해서만 다시 확인하고 다음 단계로 넘어갈 수 있습니다.
전개	❶ **몸을 푸는 준비운동** 기본적인 준비운동 외에도 놀이와 관련해서 더 풀어야 할 부분이 있다면 준비운동을 추가하여 할 수 있습니다. ❷ **놀이** 규칙을 지키면서 즐겁게 놉니다.
정리	❶ 간단한 준비운동 ❷ 놀이를 하면서 경험하고 느낀 것들 나누기 ❸ 즐겁게 논 것을 친구들과 서로 축하하고 감사하기 ★ 이런 놀이 경험을 글로 쓰면 보다 재미있고 창의적인 글을 쓸 수 있습니다.

나. 놀이하기 전, 도입 단계에서 토의하고 강조해야 할 사항

어떻게 놀아야 할까요? – 재미있게요.

재미있게 놀기 위해 우리가 지켜야 할 것이 있다면 무엇인가요?

❶ 서로 존중해야 해요

❷ 놀이 규칙을 잘 지켜야 해요.

❸ 자신과 친구의 안전을 지켜주어야 해요.

❹ 노는 곳을 벗어나야 할 때는 선생님의 허락을 받아야 해요.

❺ 이기고 지는 것에 집착하지 않고 놀이 자체를 즐겨야 해요. 다른 보상은 바라지 않아요. 즐겁게 논 것 그 자체가 가장 큰 보상입니다. 이겼다고 다른 것을 요구하지 않도록 하세요. 만약 그래도 보상을 요구한다면 상을 주고 다음에는 놀지 않겠어요. 놀이를 통해 얻어야 할 것이 상이라면 그걸 받았으니까 더 놀 필요 없겠지요? 하지만 놀이 자체가 목적이라면 더 놀게 될 거고요. 지금 놀고 다음에 또 노는 것이 놀이의 가장 큰 보상입니다.

❻ 만약 몸이나 마음이 놀 수 있는 상태가 아니라면 선생님에게 이유를 이야기하고 회복될 때까지 친구들이 노는 모습을 관찰하면서 응원해요. 이것도 훌륭한 놀이 참여 방법 중 하나에요. 그리고 자신이 할 수 있을 때 참여해도 좋아요.

❼ 먼저 끝낸 사람'편'은 따로 놀지 않고, 놀이를 계속 하고 있는 사람'팀'을 끝까지 응원해 줘요.

❽ 다른 편과의 지나친 경쟁보다는 같은 편끼리의 협력하고 서로 격려하면서 놀이에 참여합니다.

❾ 노는 사람에게도 다섯 가지 수준이 있어요. 다 놀고 나서 한 번 반성해보겠어요.

놀이의 하수	1단계(무기력)	열심히 안하고 억지로 하는 사람, 대충 하는 무기력한 사람.
	2단계(승부욕)	무조건 이기는 게 중요한 사람, 규칙을 잘 지키지 않고 우기면서 하는 사람. 때론 놀이에 대한 보상을 바라거나 놀이를 파괴하기도 함.
놀이의 중수	3단계(규칙)	팀을 위해 열심히 하는 사람, 규칙을 지켜가면서 활동하는 사람. 제대로 놀기 시작하는 단계.
	4단계(즐기기)	이기고 지는 것을 떠나 규칙을 지키면서 놀이 자체를 즐기는 사람. 놀이의 기쁨을 느끼는 단계.
놀이의 고수	5단계(배려)	잘 못하는 친구에게도 기회를 주고 격려하고 함께 기뻐하며 즐기는 사람. 놀이와 삶의 높은 수준으로 들어가는 단계.

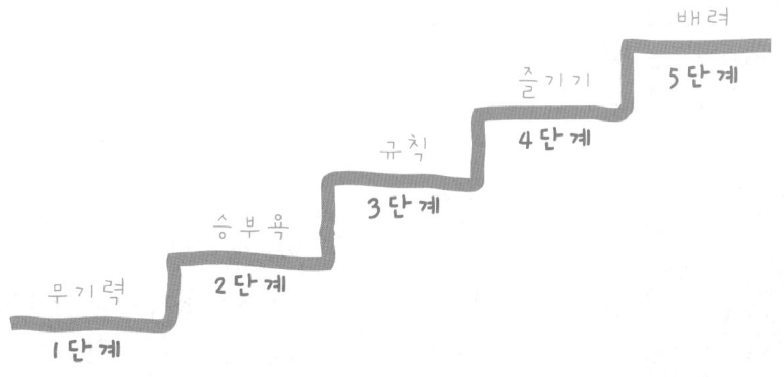

※ 간단한 놀이 규칙

❶ 친구들과 함께 재미있게 놀아요.

❷ 상처주지 않고 친절하게 말하고 행동해요.

❸ 규칙을 잘 지키고 최선을 다해요.

다. 놀이시간의 시작과 대형

학기 초에 선생님과 학생들 사이에 몇 가지 규칙을 정해두면 1년 동안 놀이시간을 잘 꾸려갈 수 있습니다. 특히 이 책에서 다루는 놀이는 실내와 달리 바깥에서 하는 활동인 만큼 아이들과의 약속은 아주 중요합니다.

1 놀이 및 체육수업은 교실 안에서 시작합니다.

학생들에게 그날 놀이를 하거나 체육수업이 있으면 쉬는 시간이나 잠깐 짬을 내어 그날 할 활동의 핵심을 미리 알려주어야 합니다. 특히 놀이에 대한 기본 규칙을 설명해야 수업을 할 때 실제 활동 시간이 많아집니다. 그렇지 않으면 집중이 안 되는 상태에서 설명만 하다 끝나던지 아니면 제대로 수업이 이루어지기가 힘듭니다.

2 기본 대형을 몇 가지 정합니다.

모든 수업에서 꼭 대형을 정해야 하는 것이 아닙니다. 하지만 수업 관리에서 대형연습이 잘 되면 학생들이 주 활동을 더 많이 할 수 있습니다. 학기 초에 꼭 연습을 해야 합니다. 단, 이 연습을 하기에 앞서 간단한 술래잡기들로 우선 아이들과 친밀한 관계를 만들고 나서 학생들에게 보다 좋은 수업을 위한 것이라고 충분히 설명합니다. 대형 연습을 할 때 초시계를 써서 정해진 시간 안(5초~10초 안팎)에 해 내도록 연습을 하면 아이들이 성취감을 느끼고 노력하게 됩니다. 기본적인 대형은 다음과 같습니다.

❶ 기본 놀이 대형

- 남녀 각각 두 줄씩 세로로 세웁니다. 줄을 서서 이동하거나 왼쪽 방향으로 바꾸면 준비운동을 하거나 선생님이 가운데로 이동해서 설명하기 편합니다. 아니면 남녀 구분 없이 자유롭게 4줄로 서도 됩니다.
- 특히 모둠 활동에서의 기본이 됩니다.

● 손 신호 - 양손 검지와 가운데 손가락으로 승리의 V자를 그려 높이 올리거나, 한 손을 들어 네 손가락을 펼칩니다.

❷ 설명 대형

● 기본 대형에서 좌향좌하고 학생들이 아이들이 교사에게 2m 정도 떨어진 곳에서 잘 들을 수 있도록 자연스럽게 앉게 합니다.

● 손 신호 - 양손바닥을 펼쳐보였다가 아래로 향해 내립니다.

❸ 원형 대형

● 일반적으로 기본 놀이 대형 신호를 한 뒤 첫 줄의 남자가 천천히 이동하여 둥글게 돌아가고 나머지가 그 뒤를 따라가서 원을 만들도록 합니다. 선생님이 앞에 서서 처음에 이끌어 주어야 합니다.

● 손 신호 - 두 손을 머리 위에서 원을 만들어 줍니다.

라. 손 신호 및 기타 규칙

1 손 신호 정하기

수업시간에 사용하는 손 신호입니다. 미리 정하셔야 좋습니다. 물론 손 신호만으로는 어려울 수 있으니 말과 호루라기(이왕이면 배구 심판용)도 함께 사용는 것이 좋습니다.

❶ 집중 신호

● "여기 보세요!"라는 말과 함께 오른 손을 주먹을 쥐고 높이 듭니다.

● 그러면 학생들은 선생님의 눈을 바라보아야 합니다.

❷ 모이기 신호

● 호루라기를 길게 3번 불며 양손을 들고 두 손바닥을 위로 한 뒤 팔을

접었다 폈다 합니다.

- 학생들이 멀리 떨어져서 있을 때 사용합니다.

❸ 흩어지기 신호

- 두 손을 들어 뒤로 밉니다.

2 기타 신호

❶ 놀이 관찰학습 – 몇 사람으로 인해 놀이가 멈춰지거나 지연되는 상황을 피하게 해 줍니다.

- 그 날 몸이 불편한 학생이 있거나, 활동에 참여하는 것이 두렵거나 어려워서 참여하지 못하는 학생이 있을 때 다른 학생들이 활동하는 것을 관찰하게 합니다. 살펴보다가 자기가 참여할 수 있는 활동이 있을 때는 참여할 기회를 줍니다.
- 학생이 규칙을 지키지 않았을 때 놀이 활동에서 빠지게 하고 살펴보게 합니다.
- 지나치게 흥분했거나 놀이 방법을 잘 몰라 놀이 할 수 있는 준비가 안 된 학생들은 놀이상황에서 벗어나 놀이 상황을 지켜보면서 감정을 가라앉히거나 놀이방법을 익히게 합니다. 감정이 안정되었거나 놀이방법을 알게 되었을 때, 학생에게 어떻게 참여할지 물어본 뒤 활동할 기회를 다시 줍니다.

❷ 놀이 관찰학습이 적용되는 때를 학생들에게 까닭을 말하고 알려줍니다.

- 선생님의 말을 따르지 않았을 때
- 경기 규칙에서 심한 반칙을 했을 때
- 수업에 심한 방해가 되는 행동을 했을 때.
- 욕을 하거나, 다른 사람을 비난하고 놀리는 말을 했을 때
- 너무 활동에 몰입한 나머지 공격적으로 행동할 때

다. 놀이 기자재 준비 및 정리

1. 밖에 나가기에 앞서 쉬는 시간을 이용하여 담당 학생들에게 어떻게 준비해두어야 하는 지 미리 자세히 설명을 해줍니다.

2. 기자재를 정리할 때에는 꼭 선생님이 따라가서 함께 확인하는 것이 좋습니다. 뒤처리도 중요합니다. 확인을 잘 하지 않으면 교구 정리가 안될 때가 많습니다.

라. 아이들 손잡게 하는 법

고학년이 되면 남자, 여자 아이들이 손을 잘 잡지 않으려고 합니다. 그때 쓰는 방법을 소개하겠습니다.

"여러분, 놀이를 하다 보면 남자와 여자가 손을 잡아야 할 때가 있어요. 그런데 어떤 친구들은 그것을 부담스러워하기도 합니다. 아마도 그런 감정을 느낀다면 친구가 아니라 연인으로 사랑을 느끼고 있는 건지도 모릅니다. 그러니까 그냥 같은 반 친구는 손을 잡아도 아무렇지 않습니다.
또 어떤 친구는 마지못해 옷을 잡기도 합니다. 그 옷을 갖고 싶어서 또는 그 옷을 어떻게 하고 싶어서 그럴 수 있어요. 그러니까 그냥 같은 반 친구는 옷이 아니라 손을 잡아도 아무렇지 않습니다.
또 어떤 친구는 신체 접촉을 최소화하기 위해 새끼 손가락을 잡기도 하는데 결혼을 약속하는 건가요? 그러니까 같은 반 그냥 친구는 새끼 손가락이 아니라 손을 잡아도 아무렇지 않습니다.
또 어떤 친구는 상대의 손목을 잡기도 하는데 이것은 '넌 내거야. 내가 너 책임질 게' 이런 의도라고 봐도 될 것 같아요. 그러니까 같은 반 그냥 친구는 새끼 손가락이 아니라 손을 잡아도 아무렇지 않습니다.
또 어떤 친구는 상대의 머리카락을 잡기도 합니다. 이건 손목을 잡는 것보다 더 강력하고 거친 표현 방법입니다. '넌 내 꺼 중에 최고!' 그러니까 같은 반 그냥 친구는 머리끄댕이가 아니라 손을 잡아도 아무렇지 않습니다. 선생님의 설명을 들었는데도 손을 잡기가 힘든 친구가 있으면 손을 드세요. 해결해줄게요."

이런 이야기를 하면 대부분의 아이들이 괜한 오해를 사지 않기 위해서 손을 잡습니다. 만약 이렇게 이야기를 해도 잘 못 잡는다면 좀 더 놀이를 하면서 친해질 때까지 기다릴 필요가 있습니다.

4. 학교에서 활용하려면

우리에게는 의미가 있었지만 다른 사람들에게도 반드시 그러리라 생각지는 않습니다. 여기서 제시하는 방법들을 활용하여 시도해보고 반성하고 체계화하여 자신의 방법으로 만들기를 권합니다.

5. 이 책의 구조와 활용

놀이들을 보다 효과적으로 전달하기 위해 술래잡기, 공놀이, RPG, 기타로 구분을 하였습니다.

가. 술래잡기는 전세계 어느 곳에서나 어린아이들에서부터 갓 시작된 연인들까지 오랫동안 끊이지 않고 해온 놀이입니다. 맹수에게 쫓고 쫓기는 일상의 반복이었던 원시시대의 경험들로부터 유전자에 각인된 것이 아닌가 추정하는 술래잡기는 인간에게 있어서 가장 기본적인 놀이라 할 수 있습니다. 규칙과 구조의 정도에 따라 단순한 술래잡기에서부터 복잡한 술래잡기로 단계가 나뉩니다. 도구를 사용하지 않고 맨손으로 하는 수많은 놀이들이 있지만 술래잡기가 가장 많이 활용되기 때문에 술래잡기를 위주로 정리하였습니다.

나. 공놀이는 별다른 도구 없이 하는 놀이인 술래잡기를 넘어서 공이라는 도구를 사용하여 어떤 목적을 성취하는 놀이입니다. 단순하게는 누군가가 공을 갖고 다른 이들이 빼앗으려고 하는 놀이에서부터 전세계인들이 열광하는 축구 경기와 같은 스포츠들까지 매우 다양합니다. 공 이외에 다양한 도구를 이용할 수 있지만 우리는 공을 이용한 놀이를 많이 활용해 왔기 때문에 공놀이를 위주로 정리하였습니다.

다. RPG는 역할놀이게임으로 자신에게 주어진 역할을 연기하면서 노는 놀이입니다. 간단하게는 어린 아이들의 소꿉놀이에서부터 연극이나 온라인게임까지 다양하게 이루어지며 교실에서도 역할극을 통해 학습을 하기도 합니다. 어떤 놀이를 반복하면서 그 놀이에 이야기를 더하고 역할을 나누면 더욱 즐거워진다는 것을 알게 되었고 몇 가지 놀이들을 개발하였습니다.

라. 기타 놀이는 술래잡기, 공놀이, 역할놀이의 범주에는 들지 않지만 매우 재미있게 해왔던 놀이들을 모았습니다.

마. 놀이를 하면서 배우게 된 것들, 새로운 아이디어, 변형하고 싶은 것들을 워크북에 기록하시면 나름대로 자신만의 놀이로 체계화될 것입니다.

이 책을 읽는 동안 선생님께서 행복하시기를,
이 책의 놀이들을 활용하여 아이들과 함께 놀면서 모두가 행복하기를 진심으로 바랍니다.

Part 2

술래잡기 놀이를 하기 전에 알아두면 좋은 이야기

아이들이 가장 좋아하는 놀이는 바로 달리면서 누군가를 잡는 술래잡기와 공을 가지고 하는 놀이입니다. 특히 아이들은 어려서부터 달리며 친구를 쫓아다니곤 했습니다.

선사시대부터 사람들은 생존을 위해 동물을 사냥하느라 쫓고 쫓겼으며 이는 시간이 흐름에 따라 생존이 놀이로 발전되면서 즐거움이 더해지게 되었습니다.

그리고 아이들은 이러한 술래잡기를 매우 좋아합니다. 그렇다면 왜 아이들이 술래잡기를 좋아할까요? 그 까닭을 알게 되면 선생님들께서도 보다 재미있게 아이들과 활동하실 수 있게 되고, 새로운 술래잡기도 만드실 수 있으리라 생각됩니다.

술래잡기가 좋아요.

아이들은 본능적으로 달리는 것을 좋아하고, 누군가를 쫓아가는 것을 좋아합니다. 다만 또래 속에서 경쟁을 통해 순위를 따지다보니 다른 아이들보다 달리기를 못하면 아예 달리는 활동을 잘 하지 않으려는 경향이 있습니다.

따라서 술래잡기를 할 때, 달리기를 잘 하지 못해도 즐겁게 달리면서 서로 쫓고 쫓길 수 있는 장치가 필요합니다. 이 예는 뒤에 나오는 놀이인 '너무 빨라서 못 잡겠어요!'에 자세히 나옵니다.

술래가 싫어요! 아니 좋아요!

술래잡기는 술래가 있고 술래가 아닌 사람이 있습니다. 술래가 술래 아닌 사람을 쫓아가게 되고, 잡으면 술래가 바뀌는 것이 놀이의 틀이라고 할 수 있습니다.

아이들은 술래가 되는 것을 싫어하다가도 막상 놀이에 푹 빠지게 되면 오히려 서로 술래를 하려고 합니다. 도망가는 것이 좋은 아이도 있지만 도망가는 아이를 잡는 재미를 느낀 아이들은 술래를 하고 싶어 합니다.

그래서 술래잡기를 할 때, 술래를 계속 바꾸어줄 필요가 있고 술래가 자주 바뀔 수 있는 장치가 필요합니다.

놀이를 계속 하고 싶어요.

술래잡기를 하다보면 술래에게 잡히거나 술래에게 잡히지 않기 위해서 달리는 것을 멈추는 일이 생깁니다. 예로 술래가 달리던 친구를 잡아서 일정 장소에 가두어 두는 '경찰과 도둑', 그리고 술래에게 잡히지 않기 위해 달리는 것을 멈추는 '얼음 땡'이 있습니다.

아이들은 술래 때문에 더 이상 달릴 수 없게 되면 아쉬움이 큽니다. 그래서 이런 아이들을 다시 놀이에 참여시키기 위해 '부활(탈옥)'과 '땡'이라는 장치가 들어가 있는 것입니다.

따라서 좋은 술래잡기는 잠시 멈추더라도 끊임없이 서로 잡고 달아나는 활동이 계속 이어지는 것이라고 할 수 있습니다. 그리고 이런 장치를 다른 술래잡기에도 응용하는 것이 좋습니다.

너무 빨라서 못 잡겠어요!

술래잡기를 하다보면 술래가 열심히 뛰어다녀도 아이들을 잘 못 잡는 때가 있습니다. 이런 문제는 술래가 달리기를 잘 못하는 경우와 놀이 자체에 문제가 있는 경우입니다.

이 두 가지 모두 다음과 같이하면 해결할 수 있습니다.

첫째, 놀이 공간을 줄여주는 것입니다. 놀이 공간을 줄이면 도망갈 공간이 좁아져 술래가 비교적 쉽게 잡을 수 있습니다. 사실 놀이 공간은 술래잡기를 하기 전에 분명하게 아이들에게 알려주어야 합니다. 놀이 공간을 넘어가지 않도록 하는 것은 생각보다 매우 중요합니다. 그리고 이 공간을 좁힐수록 술래잡기는 더욱 역동적인 놀이가 됩니다.

둘째, 술래의 수를 늘려줍니다. 술래가 혼자일 때보다 그 이상일 때 더 쉽게 잡을 수 있습니다. 다만 술래의 수를 너무 많이 늘려주면 놀이가 너무 쉽게 끝나서 재미가 없게 되므로 이러한 일이 발생하지 않도록 술래의 수를 잘 조절해 주어야 합니다.

셋째, 도망가는 사람에게 일정한 규칙을 정해 줍니다. 예를 들어 "얼음땡"을 할 때, '얼음'을 술래가 바뀌기 전까지 1번 또는 2번만 할 수 있도록 합니다. 아니면 전체가 얼음을 모두 10번만 할 수 있도록 합니다. 이 경우는 "얼음 1"을 외치고, 다음에 얼음 하는 사람이 "얼음 2"를 외치게 합니다. 물론 소리를 잘 못 들어서 얼음 몇 번인지 모를 때에는 술래가 알려주도록 합니다. 이렇게 되면 결국 11번째는 얼음을 할 수 없어서 잡히고 말게 됩니다.

세게 치면 아파요!

술래잡기를 하다보면 술래가 손으로 도망가는 아이를 치게 됩니다. 이 때 도망가던 아이들은 잡힌 것에 대한 서운한 마음을 엉뚱한 곳에 풀게 되는 경우가 생깁니다. 그것은 바로 술래가 너무 세게 친다고 말다툼하거나 싸우는 것입니다. 따라서 술래는 반드시 상대방을 칠 때는 세게 내려치지 않도록 지도하는 것이 필요합니다. 때로는 술래가 칠 때 상대방의 신체 부위를 지정해주는 것도 좋습니다. 예로 왼쪽 어깨나 등만 치는 방법과 목이나 머리는 칠 수 없도록 하는 방법입니다.

원 술래잡기 01

원 술래잡기는 원 안에 술래가 들어가고 원 밖에는 아이들이 도망간 상태에서 시작하여 원 안의 술래가 원 밖으로 나가 아이들을 치는(잡는) 술래잡기 놀이입니다. 아이들은 비슷한 놀이로 경도(경찰과 도둑)를 많이 하고 있습니다.

준비물	운동장에 지름 2m 정도의 원, 스톱워치
인원	학급 전체(10~40)
대형	2개의 모둠
소요시간	5분 안팎

놀이방법

01 전체를 2개의 모둠으로 나누어 술래 모둠을 정한다.

02 먼저 술래 모둠이 원 안으로 들어가고 다른 한 모둠은 원 밖으로 도망간다.

03 시작과 동시에 술래 모둠원은 다른 모둠원을 쫓아가 치도록 한다.

04 술래에 채이면 술래와 함께 손을 잡고 따라가서 원 안에 들어가 앉는다.

05 모두 잡히면 모둠의 역할을 바꾼다.

06 모두 잡힌 시간을 스톱워치로 시간을 재서 승부를 가릴 수도 있다.

주의사항

- 운동장의 흙을 반드시 밟고 있도록 합니다(놀이기구나 통학로에 가는 것 방지).
- 다른 반이 수업 하는 곳이나 놀이기구 근처 1m내에 접근하지 못하도록 합니다.
- 위 두 가지 상황이 발생하면 무조건 술래에게 잡힌 것으로 합니다.
- 잡힌 사람이 일부러 늦게 걸어 들어오지 않도록 일러 줍니다.

탈출하기 1

원 안에 잡혀 들어간 자기 모둠원을 술래 몰래 구출하도록 합니다. 이때는 반드시 원 안에 있는 모둠원의 손을 쳐야만 탈출할 수 있고, 손을 친 모둠원만 탈출이 가능합니다. 또한 탈출에 성공한 사람과 성공시킨 사람은 5~10초 동안 술래가 칠 수 없게 합니다. 따라서 술래는 탈출시키기 전에 상대편 모둠 아이를 잡아야 합니다. 그러기 위해서는 잡힌 사람이 도망가지 못하도록 원을 지키는 역할을 모둠원이 상의하여 정하는 것이 좋습니다.

탈출하기 2

원 안의 모둠원을 탈출시킬 때, 한 명의 손만 쳐도 모두가 살아날 수 있도록 합니다.

역할 정하기

학교에서 아이들이 이와 같은 놀이들을 "경도(경찰과 도둑)"라고 하며 즐기고 있습니다. 경도는 경찰과 도둑으로 편을 나누어 경찰이 도둑을 잡는 술래잡기입니다. 원 술래잡기에서 역할만 정해진 것입니다. 하지만 어쩌면 이것은 놀이가 생긴 당시의 어두운 사회의 일면을 담기도 하기에 새로운 역할을 정해 주면 좋을 것 같습니다. 예로 "숲속 동물 사냥"으로 하여 사람이 동물을 잡는 단순한 놀이로 할 수 있습니다. 그리고 이를 더욱 발전시킨 놀이가 뒤에 소개되는 RPG 유형의 술래잡기입니다.

02

일대일 술래잡기

일대일(1:1) 술래잡기는 가장 원초적인 술래잡기 놀이라고 할 수 있습니다. 오직 두 명이서 서로 쫓고 쫓기는 활동을 쉬지 않고 하기 때문입니다. 아주 짧은 시간에도 땀을 흘릴 수 있어서 체육시간에 준비운동으로도 좋습니다. 또한 달리기를 잘하지 못해도 달리기를 잘하는 친구를 잡을 수도 있는 기분 좋은 놀이입니다.

준비물	가로 30m 세로 20m 직사각형 공간(학급인원에 따라 조절)
인원	2인 1모둠
대형	자유대형
소요시간	3분 안팎

01 2명씩 짝을 짓는다.

02 가위바위보로 술래와 도망가는 사람을 정한다.

03 10을 세고 술래는 자기 짝을 치러 달려가고, 반대 사람은 술래를 피해 도망간다.

04 술래가 짝을 치면 역할이 바뀌게 되어, 10을 세고 다시 3번처럼 시작한다.

05 2~5분 동안 계속 활동하도록 한다.

주의사항

- 놀이 공간을 벗어나면 술래가 됩니다.
- 다른 친구들과 부딪히면 술래가 됩니다(안전사고를 예방하기 위함입니다).
- 술래가 부딪히면 얼음 5초를 하고 다시 쫓아갑니다.

걸어 다니기

뛰면 술래가 된다는 규칙을 넣습니다. 따라서 빨리 걸어서 서로 쫓고 쫓게 합니다. 이렇게 되면 달리기를 잘하는 사람과 잘 못하는 사람에 상관없이 술래가 자주 바뀌게 되어 또 다른 놀이의 재미를 맛보게 됩니다.

편 이루기(2:2 술래잡기)

둘이서 짝을 짓고 서로 손을 잡도록 합니다. 일대일(1:1) 술래잡기와 달리 둘이서 한 편이 됩니다. 그리고 다른 편을 찾아 가위바위보를 하고 술래 편을 정합니다. 이후로는 일대일(1:1) 술래잡기와 똑같이 놀이를 합니다. 따라서 2명이 손을 잡고 쫓아가고 2명이 손을 잡고 달아나는 모습이 나타나게 됩니다.

이때 중요한 것은 잡은 손을 놓치면 술래가 되고, 만약 술래가 손을 놓치면 얼음 5초가 된 후 다시 쫓아가도록 한다는 점입니다.

두 개 학급이 함께 하기

두 개 학급이 함께 할 경우(40명 이상)에는 4명이 서로 손을 잡고 놀이를 하도록 합니다. 따라서 4명이 손을 잡고 쫓아가고 달아나는 모습이 됩니다. 이 경우 다른 편의 움직임을 이용해서 벽처럼 활용하고 도망갈 수 있도록 안내하면 더 재미있는 놀이가 될 수 있습니다.

03 나무 술래잡기

나무 술래잡기는 술래에게 잡힐 것 같을 때 '얼음' 대신에 '나무'를 외치는 '얼음땡'의 변형 놀이입니다. 다만 나무였던 사람의 어깨를 잡을 때만 나무가 될 수 있습니다.

놀이계획

준비물	전체 1/4 인원 수만큼 팀조끼, 라인기(접시콘)
인원	학급 전체
대형	30명 기준 가로 20m, 세로 10m 내에 자유 위치
소요시간	10분 안팎

처음 나무 역할을 맡은 사람

머리 위에 손 → 머리 위에 손 → 팔짱 → 이제 나무 못함

도망치는 사람

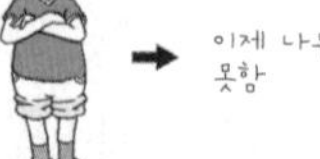

머리 위에 손 → 팔짱 → 이제 나무 못함

술래가 되었다가 도망치는 사람

→ 머리 위에 손 → 팔짱 → 이제 나무 못함

01 나무는 전체 인원의 1/4 정도로 뽑는다.

02 술래도 1/4 정도로 뽑고 조끼를 입는다.

03 술래는 도망가는 사람을 손으로 치고 치인 사람에게 조끼를 벗어서 주고 도망간다.

04 도망가는 사람은 술래에게 치일 것 같으면 나무 뒤로 가서 어깨 위에 손을 얹고 '나무'를 크게 외치고 손 머리(팔짱)를 한다.

05 나무였던 사람은 이제 도망가는 사람이 된다.

주의사항

- 나무가 되는 규칙을 잘 지키도록 합니다.
- 술래는 조끼를 제대로 입고서 움직일 수 있습니다.
- 빠르게 도망치고 잡다보면 둘 다 넘어질 수 있습니다. 둘이 겹쳐서 넘어지면 크게 다칠 수 있으니 혹시나 넘어지게 되면 비켜서 넘어지도록 합니다.
- 서로 몸이 부딪히지 않도록 합니다. 놀이를 하다가 흥분한 학생은 잠시 선생님 옆에서 진정을 하고서 다시 들어가도록 해도 좋습니다.

놀이 공간을 좁히고 뛰지 않고 빠른 걷기

공간을 줄여서 빠르게 걸어서도 치기를 손쉽게 합니다.

그림자 밟기

운동장에서 나무 역할을 하고 있는 사람의 그림자로 들어가서 '나무'의 어깨를 한 손으로 짚고 "나무"를 외치게 합니다.

나무 괴물 술래

'얼음 땡' 놀이는 '쨍그랑' 규칙이 있습니다. 술래가 보지 않을 때 살금살금 움직여서 얼음이 된 다른 사람과 부딪히면 '쨍그랑'이라고 외치면서 얼음에서 풀려날 수 있습니다. 나무도 그렇게 합니다. 다만, 움직이다가 술래에게 치이면 나무 괴물이 되어 양팔을 휘저으며 술래를 하도록 하고 도망가는 사람을 쳐도 계속 나무 괴물로 남는 걸로 합니다. 나무 괴물에게 치인 사람도 나무 괴물 술래가 됩니다.

04

괴물 아메바 술래잡기

케이건의 협동학습 놀이를 연극적 요소를 가미하여 변형시킨 놀입니다. 술래인 '괴물 아메바'에 잡힌 학생들은 괴물 아메바의 세포가 되어 함께 손을 잡고 다니다가 네 명이 되면 두 명씩 세포 분열을 하며 술래의 수가 늘어납니다. 술래는 무서운 목소리로 '아~메~바~'를 외치고 팔을 흐느적거리는 괴상한 동작으로 도망가는 쪽에서 무서움을 더욱 크게 느끼도록 합니다.

준비물	없음(또는 콘)
인원	30명 안팎
대형	가로 세로 10m 정도(학생 수에 따라 조절할 수 있다)
소요시간	놀이당 5분 안팎(학생 수와 경기장 크기에 따라 달라짐)

01 학생들은 경기장에 모여 있고 첫 술래인 '괴물 아메바'가 바깥에 있다가 안으로 헐레벌떡 뛰어 들어와서 고통스러워하며 말하다가 쓰러진다.

"외계에서 온 슈퍼 아메바에게 습격을 당했다. 윽!"

쓰러졌다가 서서히 일어나면서 흐느적거리며 소리를 낸다.

"모두들 도망… 아, 메, 바, 아, 메, 바~"

02 슈퍼 아메바에게 잡힌 아이는 손을 잡고 함께 소리를 내고 흐느적거리면서 다른 학생들을 잡으러 간다. 아메바에게 몸이 닿는 것만으로 잡힌다.

03 슈퍼 아메바가 네 사람이 되면 몸을 부르르 떨면서 '분열'하여 두 명씩 나뉜다. 이와 같은 방식으로 두 명이 짝을 이룬 복제 아메바가 계속 늘어나고 인간의 수는 줄어든다.

주의사항

- 놀이장이 너무 좁으면 놀이가 일찍 끝나고 너무 크면 힘들고 오래 걸릴 수 있으므로 소개된 규격을 참고하여 수차례 해보면서 자신의 학급에 맞는 크기를 찾으면 도움이 됩니다.
- 술래가 아닌 아이들이 술래인 척 하거나, 술래인 아이들이 아닌 척 하지 않도록 합니다. 자신의 역할을 정확하게 연기하도록 합니다.
- 이 놀이는 무서운 몸짓으로 시각적 자극, 무서운 소리로 청각적 자극, 쫓기는 느낌의 체감각적 자극이 통합적으로 이루어질 때 더욱 재미있습니다.

합체와 분리

괴물 아메바가 사람들을 더 쉽게 잡기 위해서 '합체'라고 하면 모든 술래들이 손을 잡고 하나가 되어 잡으러 다닙니다. 나뉘어서 잡으러 다니고 싶으면 '분리' 명령을 내립니다.

05 괴물 말미잘 술래잡기

기존의 화석 술래잡기를 변형시킨 놀이로 술래에 의해 잡힌 학생들은 복제 말미잘이 되어 제2의 술래가 됩니다. 괴물 말미잘은 한 쪽 발을 땅에 고정한 채 다른 발을 쭉 내딛으며 손을 뻗어서 사람들을 잡을 수 있습니다. 제2의 술래들이 고정되어 있는 화석 술래잡기에 비해 좀 더 역동적인 놀이입니다.

준비물	없음(또는 콘)
인원	30명 안팎
대형	가로 세로 10m 정도(학생 수에 따라 조절할 수 있다)
소요시간	놀이당 5분 안팎(학생 수와 놀이장 크기에 따라 달라짐)

01 처음에 시작하는 괴물 말미잘(술래)은 한 사람이고 나머지는 모두 도망간다.

02 술래에게 잡힌 사람은 복제 말미잘이 되어 제자리에 쪼그리고 앉아서 팔을 흐느적거린다.

03 복제 말미잘은 이동하지 못하며, 옆을 지나가는 사람을 잡을수 있다. 이때 한 쪽 발은 땅에 고정하고 다른 한 발을 내딛으며 손을 뻗어서 잡을 수 있다.

04 사람을 잡은 복제 말미잘은 한 걸음을 다른 곳으로 이동할 수 있다.

05 괴물 말미잘은 계속 돌아다니면서 사람들을 잡기도 하고 복제 말미잘이 있는 곳으로 몰아갈 수도 있다.

06 괴물 말미잘은 복제 말미잘의 손을 잡아끌어 이동시켜서 복제 말미잘의 위치를 바꿀 수 있다.

07 놀이 도중 슈퍼 말미잘은 복제 말미잘들에게 이동 명령을 내릴 수 있다.
"나의 분신들, 복제 말미잘들은 잘 들으라. 세 걸음 이동."
이렇게 복제 말미잘들을 조정할 수 있다.

08 모든 사람들을 잡으면 놀이가 끝난다. 복제 말미잘은 처음에는 선생님이 할 수도 있고 이전 놀이에서 마지막까지 살아남은 사람이 할 수도 있다.

주의사항

- 놀이장이 너무 좁으면 놀이가 일찍 끝나고, 너무 크면 힘들고 오래 걸릴 수 있으므로 소개된 규격을 참고하여 수차례 해보면서 자신의 학급에 맞는 크기를 찾으면 도움이 됩니다.
- 술래가 아닌 사람들이 술래인 척 하거나, 술래인 사람들이 아닌 척 하지 않도록 합니다.

마지막 한 사람이 남았을 때 천 걸음 이동 명령

"나의 분신, 복제 말미잘들은 잘 들으라. 먼저 살아남은 마지막 한 사람들을 확인하라.
자리에서 일어나라. 무서운 소리를 내라. 모두 천 걸음 이동!"

이동 말미잘

자리에 고정되어 있는 복제 말미잘 중 몇 명을 이동 말미잘로 만들 수 있습니다.
다리를 톡톡 치면서 "너에게 이동할 수 있는 능력을 주겠다. 이동."
이동 말미잘들은 오리걸음으로 돌아다니면서 사람들을 잡을 수 있습니다.

06

바퀴괴물 술래잡기

어느 도시의 비밀 실험실에서 방사능 물질이 대량으로 유출되었습니다. 그 실험실에서 바퀴벌레를 잡고 있던 과학자 한 명이 여기에 노출되면서 유전자 변형이 일어나고 무시무시한 바퀴괴물이 되어버렸습니다. 그리고 도시의 사람들을 잡으러 다닙니다. 바퀴괴물에게 잡힌 사람은 강력한 바이러스에 의해 복제 바퀴괴물이 되어 쪼그리고 앉아서 오리걸음으로 잡으러 다닙니다. 시간이 지날수록 바퀴괴물들의 수가 많아지고 살아남기가 더욱 힘들어집니다. 재미만이 아니라 체력 향상에도 큰 도움이 되는 놀이입니다.

준비물	없음(또는 콘)
인원	30명 안팎
대형	가로 세로 15m 정도(학생 수에 따라 조절할 수 있음)
소요시간	놀이당 5분 안팎(학생 수와 경기장 크기에 따라 달라짐)

놀이방법

01 학생들은 놀이장에 모여 있고 첫 술래인 바퀴괴물이 바깥에 있다가 안으로 헐레벌떡 뛰어 들어와서 고통스러워하며 말하다가 쓰러진다.

"거대한 바퀴벌레에게 물렸다. 온 몸이 아프다. 괴로워…"

쓰러졌다가 서서히 일어나면서 흐느적거리며 소리를 낸다.

"모두들 도망… 바… 퀴… 괴… 물 바… 퀴… 괴… 물~"

02 바퀴괴물에게 잡힌 사람은 복제바퀴괴물이 되어 땅에 쪼그리고 앉아서 오리걸음으로 돌아다니면서 다른 사람을 잡는다.

03 바퀴괴물은 자신에게 잡혀 바닥을 기어 다니는 바퀴괴물들을 조정하여 사람을 잡을 수 있다.

"바퀴괴물들은 000 잡으라."

04 마지막 한 사람이 남으면 선생님(천재 과학자)이 외친다.

"드디어 백신을 만들었다."

마지막 남은 한 사람이 선생님(천재 과학자)에게 와서 백신을 받으면 다음과 같이 말합니다.

"이 백신으로 여러분들은 사람으로 돌아올 수 있습니다."

모든 바퀴괴물이 사람으로 돌아오며 놀이는 끝나고 사람들을 구한 사람은 그 도시의 영웅이 됩니다.

주의사항

- 놀이장이 너무 좁으면 놀이가 일찍 끝나고 너무 크면 힘들고 오래 걸릴 수 있으므로 소개된 규격을 참고하여 수차례 해보면서 자신의 학급에 맞는 크기를 찾으면 도움이 됩니다.
- 술래가 아닌 아이들이 술래인 척 하거나, 술래인 아이들이 아닌 척 하지 않도록 합니다. 자신의 역할을 정확하게 연기하도록 합니다.
- 이 놀이는 무서운 몸짓으로 시각적 자극, 무서운 소리로 청각적 자극, 쫓기는 느낌의 체감각적 자극이 통합적으로 이루어질 때 더욱 재미있습니다.

- 첫 놀이의 영웅은 다음 놀이의 바퀴괴물이 됩니다.

- 천재 과학자(선생님)가 백신을 개발하며 바퀴괴물들은 과학자와 마지막까지 살아남은 한 사람이 만나지 못하게 해야 합니다. 천재 과학자(선생님)와 마지막 남은 사람, 이 둘 중 한 명이라도 잡히면 백신도 바퀴괴물의 손에 들어가게 되고 도시의 사람들은 사람으로 돌아올 수 없게 됩니다.

- 천재 과학자(선생님)를 잡으러 오는 바퀴괴물들에게 이렇게 말하면 더욱 재미있습니다.
  "나는 천재 과학자야. 너희를 인간으로 돌아오게 할 수 있는 백신을 개발했다고. 나를 잡으면 너희들은 사람으로 못 돌아와. 죽을 때까지 바퀴벌레로 살고 싶어?"
  아이들은 선생님의 이런 말을 듣고도 선생님을 잡고 싶을까요? 그렇습니다. 빨리 도망가지 않으면 뭐라 말해도 잡힙니다. 왜냐하면 그들은 사람이 아니라 바퀴괴물이기 때문입니다.

Work Book

07 괴물이 사는 강

이 놀이는 더운 여름날에 시원한 물을 이용하여 스릴도 느끼고 달리기 능력도 기를 수 있는 재미있는 놀이입니다. 마을에 있는 강에 괴물이 나타났습니다. 사람들은 괴물을 피해 강을 헤엄쳐(달려서) 건너야하는데 괴물이 쏘는 독성이 있는 시원한 액체에 맞으면 안 됩니다. 괴물바이러스로 인해 괴물로 변하기 때문입니다. 괴물이 쏘는 액체를 맞지 않고 여러 번 강을 건너 마지막까지 살아남아야 합니다.

준비물	양동이 2개, 접시 콘, 아이들 수만큼의 종이컵(플라스틱 컵), 수건, 갈아입을 옷
인원	학급 전체(맨 처음 괴물 역할 한 사람, 나머지는 마을 주민)
대형	가로 15m, 세로 20m 정도의 네모난 경기장에 괴물은 경기장 가운데, 마을 주민은 강둑에 일렬로 선다.
소요시간	놀이당 10분 안팎

01 괴물 역할을 할 사람이 강의 가운데에 선다.

02 강둑에 있는 한 사람이 "괴물을 피해 강을 건너자!"라고 외치면 모든 사람들은 "건너자!" 하고 따라 외치며 맞은 편 강둑으로 뛰어간다.

03 이때 괴물 역할을 하는 사람은 양동이에 있는 물을 한 컵 담아 지나가는 사람에게 뿌린다.

04 마을 사람들은 괴물이 뿌리는 물에 맞지 않으면서 다른 아이들과 부딪치지 않고 빠르게 뛰어가야 한다.

05 괴물은 한 번에 물을 한 사람에게만 뿌릴 수 있으며 이 물에 맞은 사람은 괴성을 지르며 새로운 괴물이 된다.

06 이제 괴물은 둘이 되는데, 사람들이 모두 맞은편 강둑으로 지나간 다음 괴물들은 컵에 물을 채워 넣고 강의 가운데에 선다.

07 이와 같은 방법으로 마지막 사람이 남을 때까지 한다. 마지막에 몇 사람이 남으면 게임을 마치고 그 아이들을 칭찬하고 가위 바위 보로 마지막에 남은 사람을 괴물로 정하고 새롭게 놀이를 시작한다.

주의사항

- 놀이를 시작하기에 앞서 괴물이 되고 싶어 일부러 물에 맞지 않기로 약속을 하는 것이 좋습니다.
- 물은 얼굴이나 귀에 뿌리지 않도록 하고, 물을 뿌리다가 컵을 함께 던지지 않도록 주의하도록 합니다.
- 괴물이 물을 뿌릴 때 여러 사람이 맞을 경우가 있는데 이때는 가장 많이 젖은 사람이 괴물이 됩니다.
- 이 놀이를 할 때는 되도록 진한 색깔의 옷을 입고하도록 합니다.
- 사람이 많을 때는 강둑의 길이를 더 길게 합니다.

괴물이 강둑으로 가서 물 뿌리기

건너지 않고 머뭇거리는 사람이 있으면 괴물이 강둑으로 가서 물을 뿌릴 수 있습니다. 괴물이 늘어나면 괴물들은 강의 가운데에 골고루 펼쳐 서서 기다리라고 합니다. 또 강의 가운데를 벗어나지 않아야 한다고 말해줍니다.

시원한 물놀이로

몇 판을 한 뒤, 수돗가에 가서 몇 분 동안 자유롭게 물놀이를 할 수 있는 시간을 주면 아이들과 더운 날을 시원하게 보낼 수 있습니다. 이때 미리 준비한 풍선에 물을 담아 풍선 속의 물을 뿌리며 물총 놀이를 해도 좋습니다. 단, 물놀이 하는 시간을 몇 분 이내로 제한해야 합니다.

Part 3

피구형 놀이를 하기전에 알아두면 좋은 이야기

피구는 아이들이 체육시간이나 쉬는 시간에 가장 즐겨하는 놀이 가운데 하나입니다. 그런데 공을 던져 맞히고 피하고 하면서 자칫하면 굉장히 공격적으로 흘러갈 수 있습니다. 그래서 피구를 할 때 아이들이 너무 놀이에 빠져 흥분하지 않고, 놀이 자체를 즐길 수 있도록 이야기 해주어야 합니다. 그러다 보면 점차 즐길 수 있는 분위기로 바뀌어 가게 될 겁니다.

또한 피구를 잘하는 사람과 그렇지 않은 사람 모두 안전하며 적극적으로 참여할 수 있는 장치를 마련하는 것도 필요합니다. 아래에 이러한 고민에 대한 작은 해결방법들을 적어보았습니다.

★놀이할 때 지켜야 할 것 이야기 해주기

서로가 다치지 않고 즐겁게 놀이 할 수 있도록 놀이할 때 지켜야 할 것을 강조해서 이야기해야 합니다. 무조건 이기기 위해 애쓰기보다는 규칙을 지켜가며 하고 무엇보다 이기고 지는 것을 넘어 놀이를 즐기면서 할 수 있게 분위기를 만들어 주어야 합니다.

피구를 하면서 지나치게 흥분하고 공격적인 태도를 보이는 아이들은 놀이 상황에서 잠시 벗어나서 몇 분 동안 관찰하게 합니다. 그러고 나서 평정심을 되찾으면 다시 놀이에 참여시킵니다. 이런 것들이 잘 지켜진다면 아주 즐거운 놀이시간이 될 겁니다.

★맞아도 아프지 않은 공을 써요.

배구공으로 피구를 할 때도 있는데, 맞으면 아픔을 느끼게 되고 그러다 보면 피구 경기에 공포감을 느낄 수도 있습니다. 맞아도 아프지 않은 소프트 발리볼이나 피구공, 폼 볼(잡으면 푹신한 느낌이 나는 공), 탱탱볼을 쓰면 부담 없이 피구에 참여할 수 있습니다.

★접시콘으로 줄을 표시합니다.

접시콘을 쓰면 피구장을 표시할 때 굉장히 편합니다. 적당히 간격을 떨어뜨려 접시 콘을 놓아두기만 하면 됩니다. 시간이 되면 아이들이 그 간격 사이사이에 접시 콘을 추가로 놓아 두면 더 정확한 피구장을 그릴 수 있게 됩니다. 교실에 접시콘 한 세트를 미리 준비해두면 참 편합니다.

★공을 잘 보아요.

피구 경기의 기본은 공을 끝까지 잘 보는 것입니다. 공을 피할 때에도 공을 누가 잡고 있는지 끝까지 잘 살펴야 하고 공을 누가 가지고 있는 잘 살펴 그 사람과 되도록 멀리 떨어져야 한다는 것을 알게 해주세요.
공을 잡아야 할 때는 공을 끝까지 잘 살피고 두 손을 펼쳐 공을 가슴 쪽으로 끌어당기듯 잡습니다. 따라서 서로 던지고 받는 기초 연습이 매우 중요합니다.

★공은 다치지 않게 던지도록 해요!

공을 던질 때는 어깨 아랫부분을 맞히도록 합니다. 그리고 되도록 공을 낮게 던지라고 이야기해야 합니다. 그렇게 하다가도 얼굴이나 머리에 공이 맞아 아파하는 사람이 생기면 꼭 곁에 가서 괜찮은지 살핀 뒤 미안하다고 말하게 합니다. 그리고 피구장 밖으로 나와 괜찮아 질 때까지 옆에 있어 주라고 합니다.
공에 맞았을 때 아웃되는 부분을 바꿀 수도 있습니다. 허리 아랫부분, 무릎 아랫부분과 같이 바꿔주면 아이들이 공을 아래로 던지려고 합니다. 그러면 공에 머리나 얼굴을 맞는 확률이 줄어듭니다.
허리 아랫부분을 맞혀야 아웃이 된다고 했을 때는 손바닥으로 공을 막을 수도 있습니다. 그러다보면 아이들이 더 적극적으로 참여하게 됩니다.

공을 가지러 갈 때는 한 사람씩만 가요!

아웃된 사람이 아직 하나도 없을 때 피구장 밖으로 공이 나가면 공과 가장 가까이에 있는 한 사람만 뛰어가서 가져오도록 합니다. 그러면 서로 공을 차지하려다 부딪치거나 다투는 일을 미리 막을 수 있습니다.

공을 잡으면 되도록 빨리 던져요!

피구가 속도감 있게 진행되려면 아이들에게 공을 잡으면 되도록 2초 안에 던지라고 이야기해야 합니다. 2초라는 시간을 주어도 아이들은 어디로 던질지 고민하면서 시간을 더 끌기도 하지만 서둘러 던지려고 노력하게 됩니다. 그래야 속도감 있게 놀이가 진행되고 다른 사람들도 공을 잡을 기회가 늘어나게 됩니다. 하지만 패스하는 것을 연습할 때는 시간을 조금 넉넉히 주는 것이 좋습니다.

금을 밟거나 넘는 기준!

피구할 때 금을 밟거나 넘으면 아웃이 됩니다. 그 기준이 참 애매한데, 발의 반 이상이 넘어가면 아웃되는 것으로 정해 알려주세요.

그 밖에 놀이하면서 규칙을 적용하기 어려운 때는 어떻게 하면 좋을지 아이들과 이야기를 나누는 시간을 갖습니다. 이야기하는 과정에서 아이들이 좋은 방법들을 만들어 내기도 합니다.

변형해 보세요.

한두 가지 요소만 바꾸어 주어도 더 재밌는 피구가 됩니다. 공의 개수도 처음에는 한 개를 썼다가 점점 수를 늘릴 수 있습니다. 그러면 더 긴박감 있는 활동이 되고 수비하는 사람들도 공을 잡을 기회가 늘어나게 됩니다. 네모난 피구 장에서 벗어나 동그란 곳에서 할 수도 있습니다. 놀이공간도 사람 수에 따라 크기를 조절할 수 있습니다.

목숨도 한 번에서 두 번, 세 번으로 늘려주면 더 오랫동안 놀이에 참여할 수 있게 됩니다. 선생님들도 상황에 따라 조금씩 바꾸어서 피구 경기를 해보세요.

놀 틈과 놀 곳을 만들어 주세요.

놀 틈이 없어 고민하고 있으신가요? 찾아보면 10분~20분의 시간은 만들 수 있을 겁니다. 반 아이들과 점심시간이나 중간 놀이시간에 15분~20분 정도 번개 놀이를 합니다. 무슨 놀이를 할지는 교실에서 미리 알려주고, 놀이 준비도 아이들이 하게 합니다.

체육관이 있는 학교는 점심시간은 비어있어 쓸 수 있습니다. 아니면 우리 반이 모여서 놀만한 공간을 찾아보세요. 짧은 시간이지만 땀을 흘릴 정도로 열심히 놀고 즐거워합니다.

꾸준히 놀다보면 놀이는 우리 반의 문화가 되기도 합니다.

08 바운딩 피구

공을 직접 몸에 맞히지 않고, 공을 굴리거나 땅에 튕겨서 아웃시키는 피구입니다. 피구 실력차이를 극복하고 모두가 즐겁게 할 수 있는 피구이며 맨 처음 피구를 배우는 사람들에게 적용하기 좋습니다.

놀이계획

준비물	피구공(소프트 발리볼) 2~4개, 접시콘
인원	30명 기준
대형	지름 7~8m 정도의 동그란 피구장 안에 모두 들어가서 위치
소요시간	게임당 10분 안팎

01 맨 처음 수비하는 사람 한 사람만 빼고 모두 놀이장 안에 들어간다.

02 '시작!' 신호와 함께 수비는 공을 들고 선 밖에 서서 굴리거나 튕겨서 놀이장 안에 있는 사람 몸에 맞혀 아웃시킨다. 이때 놀이장 안에 있는 사람은 공이 멈추기 전에는 공에 몸이 닿으면 아웃이다.

03 공에 맞은 사람은 놀이장 밖으로 나와 수비를 하면서 놀이장 안에 있는 사람들을 계속 아웃시킨다.

04 맨 처음에는 공을 한 개로 하다가 점차 두 개로 늘린다.

05 마지막 한 사람이 남으면 놀이가 끝난다.

06 마지막까지 남은 사람이 수비 역할을 하러 피구장 밖으로 나오고, 다른 사람들은 모두 피구장 안으로 들어가서 새로운 놀이를 시작한다.

주의사항

- 맨 처음 피구장 안에는 많은 사람이 모여 있는데 공을 피하려다가 서로 부딪치거나 다치지 않게 주의하도록 합니다.
- 공이 피구장 안에서 멈췄을 때는 주워서 수비하는 사람에게 좋게 던져주게끔 합니다.

공 개수 늘이기

몇 번 하다보면 아이들이 정말 잘 피합니다. 그 때는 공을 2개 넣어줍니다. 아이들이 공을 하나 피하다가 천천히 굴러오는 다른 공에 맞으면 수비하는 아이들이 엄청 좋아합니다. 이런 방법으로 3개나 4개까지 넣어서 해보면 나중에는 공이 어디서 올지 정신이 없기도 하지만 여러 개의 공을 피해 다니다 보면 활동량도 많아지고, 긴장을 늦출 수 없습니다. 피구를 하다보면 공을 잡는 아이들만 잡게 되는데, 공이 많아지면 술래 역할을 하고 있는 여러 사람에게 공을 잡을 기회를 주게 됩니다.

공을 아주 높이 튕겨주기

공을 일부러 아주 높이 튕겨 줍니다. 그러면 아이들이 좋아하며 공을 따라 다닙니다. 특히 아주 천천히 굴려주면······.

수비는 한 걸음 앞으로!

피구장에 사람이 얼마 남지 않으면, 공을 피하기도 쉽고 지루해질 수도 있습니다. 이때 선생님이 "수비는 한 걸음 앞으로!"를 외치면 술래들은 바닥에 있던 접시콘을 들고 한 걸음 앞으로 다가가 내려놓습니다. 그러면 피구장 크기가 줄어들게 되고 좀 더 속도 있는 놀이가 됩니다. "수비는 두 걸음 앞으로!"를 외쳐도 됩니다.

서로 배려하기

수비하는 사람 가운데 공을 잡기 위해 막 돌아다니면서 하는 사람이 있습니다. 되도록 골고루 자리를 잡고 놀이를 하도록 하고, 공을 잡을 기회가 없는 사람들에게 공을 던질 수 있게 배려하도록 이야기합니다. 그러면 아이들도 서로 패스하려고 노력하는 모습을 보입니다.

네모난 놀이장에서

피구장을 네모나게 그려놓고 해도 됩니다. 때로는 꾸불꾸불하게 그려놓고 해도 재미있습니다. 피구장도 재미난 모양으로 그려놓고 해 보기 바랍니다.

짐볼로 하기

지름이 50~70cm 정도 되는 짐볼로 해 보아도 재미있습니다. 짐볼과 크기가 다양한 여러 공을 함께 넣어서 해 보아도 재미있습니다.

Work Book

숫자 피구

놀이 공간이 닫히지 않고 열린 상태에서 모둠별로 할 수 있는 피구이며, 전래놀이의 "1, 2, 3, 4"에서 공을 스펀지 공으로 바꾼 놀이입니다. 간단하게 말하자면 각자 숫자를 정하고 열린 공간에서 서로 아웃시키는 피구입니다. 비슷한 놀이로는 주사위 피구가 있습니다. 이 놀이는 특히 고학년이 매우 좋아하는 놀이 가운데 하나입니다.

준비물	모둠당 핸드볼 크기 정도의 스펀지 볼 1개 또는 탱탱볼
인원	5~6인 1모둠
대형	없음
소요시간	10~15분

놀이방법

01 '가위바위보'로 번호를 정한다(예: 5명일 때 – 1번부터 5번까지 정한다).

02 1번이 공을 높이 위로 던지면서 자신의 번호를 포함한 아무 번호(예로 3번)를 부른다.

03 그 번호(3번)의 사람이 와서 공을 잡고 "얼음"을 외친다. 그러면 다른 사람들은 멀리 도망가다가 제자리에 멈춘다.

04 공을 잡은 사람(3번)은 공을 던져서 다른 사람을 맞히도록 한다.

05 이때 공을 피하기 위해 다른 사람은 다리를 움직일 수 없고 상체만 움직일 수 있다.

06 공에 직접 맞은 사람은 아웃이 되어 나이를 '1년' 먹게 된다(단, 땅볼로 맞으면 무효). 그러나, 만약 던진 공을 다른 사람이 땅볼이 아니라 땅에 튕기기 전에 공중에서 직접 잡게 되면, 던진 사람(3번)이 더블아웃이 되어 나이를 '2년' 먹게 된다.

07 아웃이 안 되면 누구든지 공을 먼저 잡은 사람이 다시 "얼음"을 외치고, 계속 아웃이 될 때까지 놀이를 진행한다.

08 아웃된 사람이 나오면 다시 놀이 방법의 2번처럼 하여 되풀이한다.

09 나이가 5년이 되는 사람이 나오면 놀이가 끝난다.

주의사항

- 공을 던진 사람이 다시 공을 연속으로 잡을 수 없도록 합니다.
- 어깨 아래, 또는 허리 아래만 맞히도록 하고 어기면 아웃을 1년 주도록 합니다.

땅볼로 패스하기

예로 1번이 3번을 맞히기에는 너무 먼 거리일 경우, 일부러 3번 옆에 있던 다른 번호 아이에게 땅볼로 패스하여 3번을 맞히도록 합니다.

두 모둠 대결하기

3명이 한 모둠을 이루고 다른 모둠과 대결하도록 합니다. 이때 3명 가운데 2명이 아웃되면 마무리 하도록 합니다.

피벗하기

어느 정도 놀이에 익숙해지면 다리를 움직이지 못하던 규칙을 풀어서 한 발만 움직일 수 있는 피벗을 할 수 있게 합니다.

주사위 피구 하기

공 대신 스펀지 주사위나 주사위 피구공을 이용합니다. 단, 이때는 모두 원을 만들어 손을 잡고, 그 안에 주사위를 던져 나오는 숫자를 확인하고, 그 숫자에 해당 되는 사람이 주사위 공을 잡아 던지도록 합니다. 마찬가지로 잡으면 "얼음"이고, 다른 친구들은 그 전까지 도망갑니다. 또한 이때는 반드시 허리 아래만 맞혀야 하며 피하는 사람은 한 발만 움직여 피할 수 있습니다.

Work Book

열차 피구 10

세 사람이 한 대의 열차가 되고, 맨 뒷사람을 공으로 맞혀 아웃시킬 수 있는 피구로, 앞에서 차장 역할을 하는 사람은 맨 뒤에 있는 사람이 공에 맞지 않도록 보호해야 합니다. 여럿이 하는 꼬리잡기 피구보다 기동성이 있으며 여럿이 움직이면서 다칠 수 있는 위험을 줄일 수 있습니다. 오래 살아남는 과정에서 서로 협력하는 힘과 친밀감을 키우게 해 주는 놀이입니다.

준비물	피구공 1~3개, 접시콘
인원	30명 기준, 학급 전체 두 팀, 수비 팀은 각각 3인 1조
대형	지름 7~8m 원형 경기장에 공격은 원 밖, 수비는 원 안에 위치
소요시간	10분 안팎

01 학급을 공격 편과 수비 편으로 나눈다. 공격 편은 원 밖에 동그랗게 적당한 간격으로 펼쳐서고, 수비 편은 원 안으로 들어가 세 사람이 짝이 되어 허리를 잡고 열차를 만든다.

02 공격하는 사람은 공을 가지고 열차의 꼬리만 맞힐 수 있다. 이 때 열차의 차장은 꼬리가 공격 팀이 던진 공에 맞지 않도록 손이나 몸으로 막을 수 있다.

03 중간에 연결해주는 사람은 움직이면서 열차가 끊어지지 않도록 앞 사람 허리를 잘 붙잡고 있어야 한다.

04 중간에 열차가 끊어지거나, 꼬리 역할을 하는 사람이 공에 맞게 되면 그 열차는 아웃된다. 꼬리에 있는 사람이 아닌 경우 공에 맞아도 죽지 않는다.

05 모두 아웃시키는 데 걸리는 시간을 재거나, 정해진 시간동안 살아남은 편을 센다.

06 공격편과 수비편 역할을 바꾸고 진행한 뒤, 결과를 비교한다.

주의사항

- 금을 밟지 않도록 주의를 줍니다.
- 피구장 안 열차들은 계속 움직이도록 하고 다른 열차와 되도록 부딪치지 않도록 일러줍니다.

- **공 수 늘이기**

  처음에는 한 개의 공으로 했다가, 공을 점차 두 개, 세 개로 늘리면 더 재미있습니다.

- **열차 한 대당 세 목숨(*)**

  꼬리가 공에 맞게 되면, 꼬리 역할을 했던 사람은 맨 앞으로 와서 차장역할을, 차장 역할을 했던 사람은 가운데로 가서 연결해주는 역할을 하게 되고, 연결해주는 역할을 했던 사람은 맨 뒤로 가서 꼬리 역할을 한다(한 칸씩 역할을 바꿈).

  이런 식으로 해서 세 사람 모두 꼬리 역할을 해서 공에 맞았을 때 그 열차는 무덤으로 아웃되게 됩니다. 처음 차장이 조끼를 입으면 구분하기 쉽습니다. 정해진 시간동안 오래 살아남은 열차 수로 승패를 정하거나, 모두 아웃되었을 때 걸리는 시간을 비교합니다.

- **열차의 사람 수 늘이기**

  열차의 사람 수를 넷이나 다섯으로 늘리면 목숨도 늘어나고 더 오랫동안 게임에 참여할 수 있어 운동량도 많아지고, 모둠간의 친밀감과 협동심을 키우는 데 도움이 됩니다.

- **공격과 수비를 효율적으로 할 수 있도록 작전타임 갖게 하기**
- **남자는 남자만, 여자는 여자만 공격하기**

11 물귀신 피구

피구에 스릴을 더하기 위해 물귀신처럼 서로 끌어낼 수 있게 한 피구입니다. 피구장 가장자리에 있는 아이들은 공만 피하는 것이 아니라 상대편 아이들에게 끌려 나가지 않도록 신경을 써야하고, 끌려갈 때 같은 편이 끌려 나가지 않도록 서로 협력해서 지켜줄 수도 있습니다.

공을 잘 못 잡는 여자 아이들도 참여도가 높아지는 피구이지만 끌어낼 때 다치지 않도록 주의하고 서로 배려하면서 해야 합니다.

놀이계획

준비물	피구공 1~2개, 접시콘, 매트
인원	30명 기준, 학급 전체 두 편
대형	가로 10m, 세로 5m의 사각 피구장, 무덤 한 개
소요시간	10분 안팎

01 두 편으로 나눈 뒤, 자기편 영역으로 들어간다.

02 공을 맞아 아웃된 사람은 상대편 영역 바깥으로 가서 수비를 한다.

03 수비를 하는 사람은 피구장 밖에서 상대편이 가까이 왔을 때 물귀신처럼 끌어낼 수 있다. 이 때 밖으로 끌려나오게 되면 아웃이 되고, 아웃된 사람은 수비역할을 한다.

04 수비하던 사람이 피구장 안에 있는 사람에게 끌려 안으로 들어가게 되면 무덤에 갇힌다.

05 어느 한 편이 모두 아웃되면 놀이가 끝난다.

주의사항

- 아이들이 서로 잡아당길 때는 할퀴거나 너무 세게 당기거나, 옷을 잡아채지 않도록 주의를 줍니다.
- 또 당기다가 갑자기 놔 버리면 넘어질 수 있으니 미리 일러줍니다.
- 피구하다가 금을 넘어가면 아웃이 됩니다. 넘어가는 기준은 신발의 반 이상입니다.

- **공 수 늘이기**
  처음에는 한 개의 공으로 했다가, 공을 점차 두 개, 세 개로 늘리면 더 재밌습니다.
- **피구장 안에 있는 친구들도 다른 편을 끌어낼 수 있어요!**
  가운데 선 가까이에서는 상대편끼리도 당길 수 있고, 상대편 영역으로 끌려가게 되면 아웃이 됩니다.
- **서로 협력하기**
  상대편을 끌어내거나 상대편에게 끌려가는 것을 막을 때 서로 협력하게 합니다.
- **선생님은 물귀신**
  선생님은 어느 편에도 속하지 않지만 돌아다니면서 학생들을 끌어낼 수 있습니다. 그러면서 학생들이 긴장하면서 놀이에 참여할 수 있게 조절합니다. 단, 선생님도 끌려 들어가면 무덤에 갇히게 됩니다.
- **여자는 여자만, 남자는 남자만 끌어내기**
  서로 다치지 않도록 여자는 여자끼리만 끌어내게 할 수 있습니다.
- **부활 피구**
  피구장 안에서 피구를 하고 있는 사람이 상대편이 던진 공을 공중에서 잡을 경우, 자기편 수비하고 있는 사람 가운데 한 사람이 살아날 수 있습니다. 무덤에 갇힌 사람도 되살아날 수 있습니다. 이렇게 하면 공을 피하려고만 하지 않고, 잡으려고 더 애쓰게 되고 공을 공중에서 잡으려다 목숨이 하나 날아가기도 하면서 재밌어집니다.

12 무릎 피구

무릎 피구는 무릎 아래만을 맞히는 피구입니다. 피구를 할 때 공을 높게 던지다 보면 얼굴이나 머리에 공이 맞게 되는 경우가 많습니다. 몸의 아랫부분을 맞혀야 아웃 된다고 알려주면 아이들이 의도적으로 아래쪽으로 공을 던집니다. 공에 맞아 다치는 경우가 줄고, 대신 무릎 위의 다른 부분으로는 공을 막을 수 있습니다.
겁이 많은 아이들도 더 적극적으로 놀이에 참여합니다. 아래쪽으로 오는 공을 피하려고 폴짝폴짝 뛰기 때문에 운동량도 많아집니다.

준비물	피구공(소프트 발리볼) 1~3개, 접시콘
인원	30명 기준, 학급 전체 두 팀
대형	가로 10m, 세로 5m
소요시간	10분 안팎

01 두 편으로 나누고, 각자 자기편 영역으로 들어가고 공격권은 가위바위보로 정한다.

02 모든 규칙은 다른 피구와 같지만, 상대방이 무릎 아래 부분을 맞혀야 아웃이다.

03 경기장 안에 있는 사람들은 공을 무릎 위 다른 부분으로 막을 수 있다.

04 어느 한 편이 모두 아웃되면 놀이가 끝난다.

주의사항

- 공으로 머리나 얼굴을 실수로 맞힐 경우는 꼭 '미안하다'라고 사과하고 괜찮아 질 때까지 옆에 있어주도록 합니다.
- 피구장 안에 있는 사람들은 일부러 무릎을 감추지 않도록 일러둡니다.
- 공을 잡은 사람은 2초 안에 던져 공이 빠르게 움직이게 합니다.

공 수 늘이기

처음에는 한 개의 공으로 했다가, 공을 점차 두 개 세 개로 늘리면 더 신이 납니다.

솔직하게 말하기

게임을 하다보면 누가 아웃이 되었는지 살펴보지 못할 때가 있습니다. 아이들에게 무릎 아래로 공을 맞았을 때는 스스로 아웃이라 이야기하고 수비 위치로 가도록 미리 일러둡니다.

신발피구

신발을 맞혀야 아웃이 되게끔 규칙을 정해도 됩니다. 피구장 안에 있는 학생들은 자기 발이 상대편이 던진 공에 맞지 않기 위해 더 열심히 뛰어다니게 되고 상대편의 공격하는 아이들도 신발을 맞혀야하기 때문에 훨씬 집중해서 공을 던지게 됩니다.

13 짐볼 피구

커다란 짐볼로 피구를 해보면 아이들이 정말 색달라 하고 즐거워합니다.
일반 공보다 크기 때문에 던지기가 힘들고, 맞으면 무게감이 조금 있기는 하지만 그리 아프지 않고 재밌습니다.
짐볼에 바람은 누르면 말랑하게 들어갈 정도로 넉넉히 넣습니다. 그러면 짐볼을 잡을 때 몸에 착 달라붙는 느낌이 있습니다.

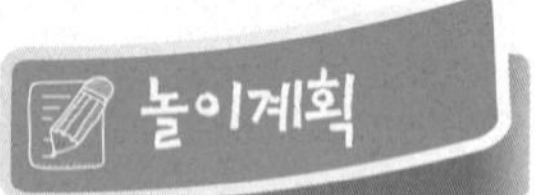

준비물	짐볼(지름 50~60cm) 1~2개, 접시콘 1
인원	30명 기준, 학급 전체 두 편
대형	가로 10m, 세로 5m 피구장
소요시간	10분 안팎

01 두 편으로 나누고, 각자 자기 영역으로 들어간다. 맨 처음에는 짐볼을 하나만 쓴다.

02 짐볼을 던질 때는 한 손으로 던지면 너무 세게 던질 수 있기 때문에 꼭 두 손으로 던지도록 한다.

03 짐볼은 어깨부분부터 몸 아래쪽을 맞아야 아웃이 되고, 짐볼을 공중에서 잡으면 아웃이 아니다. 단, 짐볼을 잡았는데 잡은 채로 짐볼이 바닥에 닿게 되면 아웃이 된다.

04 아웃된 사람은 상대편 바깥으로 가서 수비를 한다.

05 어느 한 편이 모두 공에 맞으면 놀이가 끝난다.

주의사항

- 짐볼을 얼굴이나 머리에 던지지 않도록 주의를 줍니다.
- 짐볼로 스파이크 하거나 너무 세게 던지지 않도록 일러둡니다.
- 짐볼 피구는 중학년 이상 학년이 하는 것을 권장하며 저학년은 짐볼을 이용한 바운딩 피구를 하면 좋습니다.

- **짐볼 개수 늘리기**
  처음에는 한 개를 쓰다가, 점차 두 개로 늘리면 더 스릴 넘치게 됩니다.
- **여러 가지 크기의 공과 섞기**
  피구공이나 소프트 발리볼을 짐볼과 함께 쓰면 색다른 맛이 있습니다.
- **짐볼로 바운딩 피구하기**
  저학년 같은 경우, 짐볼을 굴리거나 바닥에 튕겨서 몸에 맞았을 때 아웃이 되게 합니다. 모두다 경기장 안에 있을 때 짐 볼이 피구장 바깥으로 나가면 한 사람만 얼른 나가서 가져오게 합니다.
- **물귀신 짐볼 피구**
  물귀신 피구처럼 경기장 가장자리에서 상대편을 끌어당길 수 있게 하면 더 긴장감 있게 되며 놀이에서 소외되는 아이들이 줄어듭니다.
- **여자만 2분 공격!**
  상대적으로 남자 아이들이 공을 잡게 되는 경우가 많기 때문에 일정시간동안 여자 아이들만 공격권을 갖는 시간을 줍니다. 그러면 여자 아이들도 더 적극적으로 참여하게 됩니다.

슈렉 피구

맞아도 죽지 않는 역할을 하는 '슈퍼맨 피구'와 왕을 정해놓고 왕이 죽으면 모두 죽는 '왕 피구'를 더해놓은 피구로, 아이들이 좋아하는 캐릭터로 이름 붙였습니다.

준비물	피구공 1~2개, 접시콘
인원	30명 기준, 학급 전체 두 편
대형	가로 10m, 세로 5m 안팎의 네모난 피구장
소요시간	10분 안팎

놀이방법

01 두 편으로 나눈 뒤 각 편에서 '피오나 공주'(여자)와 공에 맞아도 죽지 않는 '슈렉'(남자)을 한 사람씩 정하고 다른 편에 서로 알려준다. 나머지는 시민이 된다.

02 단, 슈렉은 공격은 할 수 없고 날아오는 공을 막을 수만 있다.

03 피오나 공주 역할을 맡은 사람이 죽게 되면 놀이에서 지기 때문에 슈렉을 비롯해 시민들은 피오나 공주가 공에 맞지 않도록 지켜주어야 한다.

04 시민 가운데 공에 맞은 사람은 상대편 영역 바깥으로 가서 수비를 한다.

05 어느 한 편의 피오나 공주가 공에 맞으면 놀이가 끝난다.

주의사항

- 슈렉과 피오나 공주 역할은 평소 놀이에 소극적으로 참여하는 사람을 정해주면 놀이의 참여도가 높습니다. 또한 다른 아이들도 골고루 해볼 수 있도록 배려하는 것이 좋습니다.

재미 더하기

공 개수 늘리기

처음에는 한 개를 쓰다가, 점차 두 개로 늘리면 더 활기차게 됩니다.

비밀이에요!

누가 피오나 공주이고 누가 슈렉인지, 상대편에게 비밀로 합니다. 단, 각 편에서 정한 역할은 선생님이 다가가면 미리 귓속말로 몰래 알려줍니다. 그러면 상대편은 누가 슈렉이고 피오나 공주인지 알아내기 위해 애쓰게 됩니다. 하지만 놀이를 하다보면 누가 슈렉인지, 또 피오나 공주인지 조금씩 드러나게 됩니다.

고정관념 깨기

피오나 공주 역할을 꼭 여자가, 슈렉 역할을 꼭 남자가 할 필요는 없다고 알려주면 서로 상대편을 속이려고 작전을 짭니다.

피오나 공주나 슈렉 역할을 하는 사람 수를 늘려도 됩니다. 피오나 공주가 두 사람일 수도 있고, 슈렉 역할을 하는 사람도 두 사람이나 세 사람으로 늘려도 됩니다.

물귀신

물귀신 피구처럼 경기장 가장자리에서 상대편을 끌어당길 수 있게 하면 더 긴장감 있게 되고 게임에서 소외되는 아이들이 줄어듭니다.

세 목숨 피구

보통의 피구는 공에 맞아 아웃되면 곧장 밖으로 나가서 수비를 합니다. 하지만 세 목숨 피구는 아이들이 공에 한 번 맞더라도 마음에 여유가 있고, 공에 세 번 맞을 때까지 좀 더 오랫동안 피구를 할 수 있습니다.

놀이계획

준비물	피구 공 1~3개, 접시콘
인원	30명 기준, 학급 전체 두 팀
대형	가로 10m, 세로 5m 경기장
소요시간	15분 안팎

01 두 편으로 나누고, 각자 자기편 영역으로 들어간다. 공격권은 가위바위보로 정한다.

02 모든 규칙은 다른 피구와 같지만, 상대편이 던진 공에 한 번 맞았을 때는 왼손으로 오른쪽 어깨를 감싸고 계속 놀이를 하게 한다.

03 그러다가 두 번째로 공에 맞게 되면 오른손으로 왼손 어깨를 감싸고 계속 놀이를 한다.

04 세 번째로 공에 맞게 되면 상대편 피구장 밖으로 나가 수비를 한다.

05 한 편이라도 모두 아웃되면 놀이가 끝난다.

주의사항

- 공은 어깨 아래에 맞을 경우만 아웃으로 한다고 일러주고, 얼굴이나 머리에 던지지 않도록 주의를 줍니다.
- 공을 잡은 사람들은 되도록 공을 2초 안에 던져 공이 빠르게 움직이게 합니다.
- 공에 두 번 맞은 사람은 공을 던질 수 없습니다.
- 공에 맞으면 솔직하게 규칙대로 하게 합니다.

공 수 늘이기

처음에는 한 개의 공으로 했다가, 공을 점차 두 개 세 개로 늘리면 더 신납니다.

집중 공격하기

상대편을 먼저 아웃시키기 위해서는 공에 한두 번 맞아 어깨를 감싸고 있는 사람을 앞서 공격하게 합니다.

목숨 줄이거나 늘이기

목숨이 세 개나 되어 놀이시간이 늦어질 것 같으며 목숨을 줄여도 좋습니다. 그럴 때는 모자를 쓰고 있다가 한 번 공에 맞게 되면 모자를 벗게 한다든지, 세 목숨 피구처럼 한 손으로 다른 어깨를 감싸 쥐게 한다든지 약속을 미리 정하면 됩니다. 목숨이 넷으로 늘어나면 세 번째로 공에 맞았을 때는 자리에 앉아서 공을 피하게 합니다.

팀 조끼로 구분하기

학교에 팀 조끼가 있으면 공에 맞아 목숨이 하나 남을 경우 팀 조끼를 벗어 손에 들고 하게 하거나, 다른 방법으로 구분할 수 있는 방법을 아이들의 의견을 받아서 합니다.

깽깽이 피구

한 발을 들고 다른 한 발로만 뛰면서 하는 깽깽이 피구입니다. 피구를 하다가 힘이 남았다거나 뭔가 아쉬움이 남을 때 마무리로 합니다. 제대로 하면 운동량이 많아 한 판만 해도 지치게 됩니다.

놀이계획

준비물	피구공 2개, 접시콘
인원	30명 기준, 학급 전체 두 편
대형	가로 10m, 세로 5m
소요시간	10분 안팎

01 두 편으로 나눈 뒤, 각자 자기편 공간으로 들어간다.

02 공을 각 편에 한 개씩 주고, "시작!" 신호에 한 발을 들고 다른 한 발로만 뛰어다니면서 놀이를 시작한다.

03 어깨 아래에 공을 맞으면 아웃이 되고, 아웃된 사람은 상대편 공간 밖으로 나가 수비를 한다. 수비 역할도 한 발로만 뛰어다녀야 한다.

04 어느 한 편이 모두 아웃되면 놀이가 끝난다.

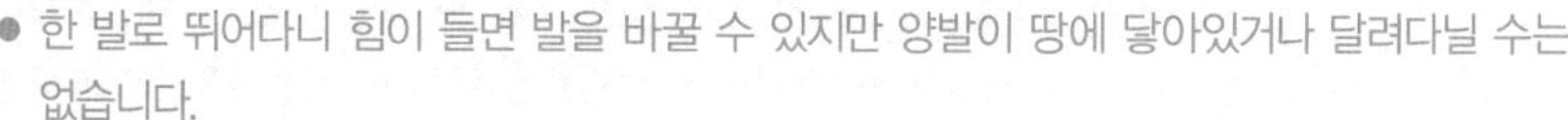

주의사항

- 한 발로 뛰어다니 힘이 들면 발을 바꿀 수 있지만 양발이 땅에 닿아있거나 달려다닐 수는 없습니다.
- 수비하다가 멀리 굴러간 공을 잡으러 갈 때도 한 발로 뛰어가야 합니다.
- 한 발로 뛰어 공을 멀리 던지려면 힘이 들기 때문에 되도록 중앙선 가까이 가서 던지게 합니다.

수비는 두 발로 뛰기

수비하는 사람은 두 발로 뛸 수 있게 해 주어도 됩니다. 단, 힘이 들어서 일부러 아웃되려고 하지 않도록 일러두세요. 거꾸로 수비 역할만 깽깽이 하게 하면 아웃되지 않게 더 열심히 합니다.

양발 모아 뛰기

깽깽이로 뛰는 대신 양발을 모은 채로 뛰어다니면서 놀아보아도 재밌습니다.

17

메딕 피구

스타크래프트의 메딕(Medic, 의무관) 유닛에서 아이디어를 얻어 변형한 피구입니다. 메딕은 공격을 할 수는 없지만 다른 사람들에게 던지는 공을 막아줄 수 있고, 막다가 상대편이 던진 공을 잡게 되면 아웃된 사람이 있을 경우 한 사람씩 살릴 수 있는 피구입니다.

준비물	피구공 2개, 접시콘, 모자 2개
인원	30명 기준, 학급 전체 두 편
대형	가로 10m, 세로 5m 안팎의 네모난 피구장, 무덤 한 개
소요시간	10분 안팎

01 두 편으로 나누고, 자기편 공간으로 들어간다. 공은 양편에 한 개씩 던져준다.

02 각 편에서는 메딕 역할(모자쓰기)을 할 사람을 정한다.

03 메딕은 공에 맞아도 아웃되지 않기 때문에 상대편이 던진 공을 막아줄 수 있다.

04 메딕이 상대편이 던진 공을 공중에서 잡으면 아웃된 사람 가운데 한 사람을 살릴 수 있다.

05 다른 사람들도 손바닥으로는 공을 쳐서 막을 수 있지만, 어깨 아래의 다른 부분이 공에 맞으면 아웃되고, 상대편 바깥으로 가서 수비를 한다.

06 수비를 하는 사람은 피구장 밖에서, 상대편이 가까이 왔을 때 물귀신처럼 끌어낼 수도 있다.

07 이 때 밖으로 끌려나오게 되면 아웃 되고, 상대편 가장자리에 가서 수비를 한다.

08 수비하던 사람이 피구장 안에 있는 사람에게 들어 안으로 가면 무덤에 갇힌다.

09 메딕을 제외한 어느 한 편이 모두 아웃되면 놀이가 끝난다.

주의사항

- 메딕 역할을 서로 하려고 할 때에는, 원하는 아이들 가운데 가위바위보로 미리 차례를 정하거나 골고루 해볼 수 있게 배려해야 합니다.
- 메딕은 공격을 할 수 없기 때문에 공을 잡으면 같은 편에게 패스해주어야 합니다.
- 메딕 역할을 하는 사람도 금을 밟아 상대편 공간으로 넘어가거나 상대편에 끌려 금을 넘게 되면 아웃이 되니, 주의를 주도록 합니다.
- 메딕 역할을 잘 못해서 일찍 게임이 끝나더라도 절대 서로 비난하지 않고 격려하며 할 수 있게 이야기 합니다.
- 메딕 역할을 잘 할수록 좀 더 오래 피구를 할 수 있으며 메딕의 역할에 따라 승패가 달라질 수도 있습니다. 메딕 역할을 아이들이 골고루 할 수 있게 해주세요.

메딕 수 늘리기

메딕 역할을 하고 싶은 사람이 많을 때는 메딕을 각 편에 두 사람으로 늘려도 좋습니다.

아웃된 차례대로 살아나기

메딕이 상대편이 던진 공중 볼을 잡을 경우 아웃된 사람을 살릴 수 있는데, 서로 피구장에 들어가려고 할 때에는 먼저 아웃된 차례로 살아난다고 정한 뒤 시작합니다. 아웃된 사람들은 몇 번째로(누구 다음으로) 아웃되었는지 잘 기억해야 합니다.

18

돼지 피구

돼지씨름 할 때 자세로 쪼그리고 앉아서 하는 피구입니다. 비가 오는 날이나 추운 날, 교실 책상을 가장자리로 밀어놓고 만든 좁은 공간에서도 할 수 있습니다. 쪼그려 앉아 있어야 해서 힘들어하면서도 재밌어 합니다.

준비물	피구공(소프트 발리볼) 1~2개, 접시콘
인원	학급 전체
대형	교실 크기의 네모난 피구장
소요시간	10분 안팎

- **접시콘이 없어도 돼요!** 접시콘으로 피구장을 그려두지 않아도 자연스레 교실 가장자리가 되고, 장애물이 없어도 피구하기 더 편합니다.

01 교실 책상을 가장자리로 밀어놓으면 자연스레 네모난 모양의 피구장이 만들어진다.

02 처음에는 수비 역할 할 한 사람을 남겨두고, 다른 사람들은 피구장 안에 들어가 돼지씨름 할 때 모습으로 쪼그려 앉는다.

03 피구장 밖에서 수비하는 사람은 엉덩이나 한 발이 책상이나 교실 벽과 같은 경기장 가장자리에 붙어 앉은 채로 공을 굴릴 수 있다.

04 "시작!" 신호와 함께 공을 굴려 몸에 맞혀 아웃시킨다. 아웃된 사람은 피구장 가장자리에 자리를 잡고 수비 역할을 한다.

05 마지막 한 사람이 남으면 놀이가 끝나고, 마지막 남은 사람이 맨 처음 수비가 되어 새로운 놀이를 시작한다.

주의사항

- 공을 튕기거나 던져 맞히면 아웃이 아닙니다. 꼭 공을 굴릴 수 있게 합니다.
- 공을 너무 세게 굴려 교실의 다른 물건이 깨지지 않도록 잘 살펴야 합니다.
- 공을 피하면서 서로 부딪치지 않게 조심합니다.
- 수비하는 사람이 몸을 가장자리에 붙지 않으면 피구 장이 아주 좁아질 수 있습니다.
- 오래도록 쪼그려 앉아 있으면 힘이 듭니다. 놀이 한 판이 끝나면 꼭 다리운동을 해주세요.

공 수 늘이기

돼지 피구는 몸을 움직이기가 쉽지 않기 공을 한 개로 해도 충분하지만, 경기를 조금 빨리 끝내려면 공을 두 개로 늘려보세요.

굴러오는 공 구르기 • 뛰어넘기

피구장 안에서 공을 피하는 사람은 굴러오는 공을 폴짝 뛰어넘거나 옆으로 데구루루 구르면서 피해도 됩니다.

짐볼로 해보기

커다란 짐볼로 해 보면 공을 피하기 쉽지 않지만 공이 커서 더 재미있습니다.

소곤소곤 피구

교실에서 하다보면 큰 소리를 내서 다른 반에게 피해가 될 수도 있습니다. 아이들에게 까닭을 이야기하고 소곤소곤 말하면서 놀자고 이야기해 주세요.

편 갈라서 하는 피구

네모난 피구장의 가운데를 줄넘기 줄로 선을 그어놓고 두 편으로 갈라 피구를 해도 됩니다.

축구 피구 I

19

피구에 축구를 결합한 게임입니다. 피구 방법으로 진행을 하지만 공을 던지는 것 대신에 축구처럼 공을 발로 차서 맞힙니다. 피구장 밖에서 안쪽 사람들을 향해 공을 차면 안에서는 굴러가는 공을 피하기 위해 폴짝폴짝 뛰거나 비켜서 피합니다.

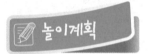

놀이계획

준비물	축구공 2개, 라인기(접시콘)
인원	30명 기준, 학급 전체 두 편
대형	가로 20m, 세로 10m의 피구장
소요시간	10분 안팎

01 먼저 기본 기능 익히기를 한다. 공을 발 안쪽(인사이드킥)으로 차고, 받는 사람은 공을 밟아서 뒤에 세운다. 그 다음 사람에게 공을 차서 보낸다.

02 연습이 끝나면 피구장의 자기편 공간으로 들러가고 게임을 시작한다.

03 경기장 안쪽의 양편에게 공을 하나씩 주고 상대편 사람을 맞히도록 한다.

04 아웃은 무릎 아래를 맞거나 피구장 안에서 굴러가는 공을 만졌을 때 된다.

05 아웃된 사람은 상대편 피구장 밖에 서서 안쪽에 있는 사람들을 맞힌다.

06 상대편이 모두 아웃되면 이긴다.

주의사항

- 공을 세게 차지 않도록 합니다.
- 피구장 안에 있는 사람은 습관적으로 공에 손을 댑니다. 누구든지 피구장 안에서 아웃이 되기 때문에 공에 맞거나 부딪히면 피해야 한다고 강조한다.
- 피구장 안에서 공이 멈춰 서려고 할 때 선생님이 판단해서 공을 잡을 수 있다는 신호를 준다. 공을 잡은 사람은 중앙선으로 가지고 와서 상대편을 향해 찬다.
- 공을 세게 차거나 무릎 위로 공이 뜨면 1차 경고로 '엘로우카드', 2차 경고로 '레드카드'라고 말해주고 5분간 놀이 관찰을 시킵니다.

공의 수 늘리기

기본 공 2개에서 1~2개 더 늘려서 게임의 진행 속도와 분위기를 바꿔 봅니다.

20 축구 피구 2

저돌적인 공격수가 등장하는 축구 피구 2탄입니다. 공격수는 피구장을 누비며 공을 몰고 다니며(드리블) 사람들을 맞히거나 다른 공격수에게 패스(어시스트)를 해서 맞힙니다. 공격수는 자꾸만 늘어나고 피하는 사람들은 어디서 나타날지 모르는 공 때문에 긴장을 늦출 수가 없습니다.

준비물	팀조끼, 축구공 2개, 라인기(접시콘)
인원	30명 기준, 학급 전체
대형	가로 20m, 세로 10m의 피구장
소요시간	10분 안팎

01 공은 2개를 쓰고 공격수 다섯 명은 조끼를 입고 피구장으로 들어간다.

02 피하는 사람은 무릎 아래로 공을 맞으면 아웃이 된다.

03 공이 피구장 밖으로 나가게 되면 공격수가 들고 와 피구장 바깥 선에 공을 내려놓고 차면서 들어온다.

04 아웃된 사람은 피구장 밖으로 나와서 조끼를 입고 들어와 공격수가 된다.

05 5명이 남았을 때 게임을 멈추고 남은 사람 다섯 명이 다음 게임 공격수가 된다.

주의사항

- 조끼는 피구장 밖에서 제대로 입고 나서 들어오도록 합니다.

연타 금지

공격수는 다른 사람을 맞히기 위해서 2번 연속으로 공을 차지 않도록 하고 패스를 해서 다른 공격수와 기회를 나눕니다.

공격수 제자리!

공격수가 많아지고 살아있는 사람이 10명 안팎일 경우 공격수를 제자리에 서게 합니다. 그 다음 패스를 주고받으며 아웃을 시킵니다.

공 늘리기

처음부터 공격수 다섯 명에 공도 다섯 개를 줍니다.

피구장을 원형으로 그리기

피구장 형태를 사각에서 원형으로 바꾸면 새로운 재미를 느낄 수 있습니다.

21 왕족과 기사단 피구

김기영 선생님께서 만드신 게임입니다. 병사들은 자기편 왕족을 보호하고 상대편 왕족을 모두 맞히면 이기는 게임입니다. 병사들은 충성을 다해서 왕족을 보호하면 기사단이 되는 영광을 누릴 수 있고 무적의 힘을 갖게 됩니다. 병사들은 기사단이 될 수 있는 희망이 있어서 끝까지 열심히 활동합니다.

준비물	피구공(소프트발리볼) 1개, 라인기(접시콘)
인원	30명 기준, 학급 전체 두 편
대형	가로 10m, 세로 5m의 피구장
소요시간	10분 안팎

01 편마다 왕족을 3명 뽑고 게임 시작에 앞서 왕족끼리 만나서 인사를 나눈다.

02 왕족을 제외한 나머지는 병사 신분으로 시작한다.

03 병사의 수가 왕족과 같은 수로 남으면 공에 맞아도 아웃되지 않는 무적의 기사단이 된다. 예를 들어 왕족이 2명 남아있고 병사도 2명 남으면 그 2명이 기사단이 된다.

04 선생님이 게임을 잠시 멈추어주면, 왕족은 기사들의 머리 위에 손을 얹고 "나의 기사단으로 임명합니다"라고 말을 하며 임명식을 해준다.

05 왕족이 모두 아웃되면 이긴다.

왕족의 수 조정하기

왕, 왕비, 왕자, 공주 등 왕족을 늘리거나 왕자와 공주의 수를 늘릴 수 있습니다. 예를 들어 여왕 1명, 공주 3명으로 할 수 있습니다.

새로운 왕족을 탄생시키기

왕족이 1명 남으면 무적의 기사단과 결혼하여 왕족을 늘립니다. 선생님이 주례를 서줍니다. "둘은 서로 사랑을 약속하며 평생을 함께 하겠는가?"

그 밖의 공놀이를 하기 전에 알아두면 좋은 이야기

배구, 발야구, 축구와 같은 구기 활동은 준비하기가 번거롭고 규칙에 익숙해지고 기능이 다져지는 데 시간이 걸립니다. 거기에다 잘하는 사람과 못하는 사람의 실력 차이와 경쟁으로 인해 오히려 게임을 하고 난 뒤 갈등이 생길 수도 있어 '안 하느니만 못하네.' 생각이 들 수 있습니다.
그럼에도 아이들은 공놀이를 참 좋아하고 계속합니다. 그것은 아이들은 서로를 위하고 격려하며 함께 문제를 해결해 나가는 힘 또한 가지고 있다는 뜻입니다. 선생님은 아이들이 갈등을 잘 풀 수 있도록 게임 규칙을 세우고 게임을 하고 난 뒤 생겨난 문제를 해결할 수 있도록 해결방법에 맞추어서 이야기 나눌 수 있는 시간을 마련해주시면 됩니다.
학급 전체가 참여해서 구기 활동을 할 때는 기능을 숙련시키기보다 누구나 조금만 연습하면 모두가 참여할 수 있는 기본 기능을 익히고, 본 게임에 가기 전까지 과정 게임도 재미있게 구성하여 독점이 아닌 나눔이 되기 위한 격려, 게임 공간 나누기와 규칙을 함께 규칙으로 만들어 나가면 함께하는 즐거움을 느낄 수 있습니다.

★ 게임 소개와 규칙, 편 나누기는 교실에서 해요.

학생들에게 활동을 하기에 앞서 교실에서 설명을 하면 기대감과 집중력이 높아지고 실제 활동 시간도 길어집니다. 질문도 많이 하는데 마냥 다 받아줬다가는 시간이 많이 걸립니다. 설명은 5~10분으로 하고 직접 해보면서 하자고 합니다. 처음 하는 게임에서 실수하는 건 배우는 과정이라고 이해시켜줍니다. 또한, 편까지 나누고 이동하면 진행이 쉽습니다.

서로 격려하고 칭찬해요.

누구나 실수는 하는 법입니다. 배우면서 실수하는 것은 괜찮고 인정해주자고 합니다. 실수한 사람은 "미안해."라고 말하고, 같은 편은 "괜찮아."하며 받아줍니다. 잘했을 때 서로 하이파이브를 하며 "잘했어."하며 칭찬과 격려를 합니다. 나무라는 목소리로 상대편과 같은 편에게 비난을 하지 않도록 합니다. 진정으로 돕고자 한다면 친절한 목소리로 어떻게 해야 하는지 알려주도록 합니다. 그러지 못할 것 같다면 진정하고 "괜찮아."라고 말하며 감싸주도록 합니다.

함께 어울릴 준비가 될 때까지 관찰 활동을 해요.

관찰 활동은 게임 활동에서 물러나와 지켜보며 학생들의 활동을 지켜보며 배우는 것입니다. 마치 퇴장을 당하고 제외되는 것이라는 부정적인 인식이 있지만, 활동에 앞서 학생들에게 관찰 활동의 긍정적인 필요성을 설명해줍니다. 게임에는 편이 있고 함께 협력을 해야 잘됩니다. 한 학생이 재미난 생각이 들어서 따로 움직이면 다른 학생들은 불편해집니다. 두 번 이상 활동에 방해가 되면 잠시 밖으로 나와 관찰 활동을 하면서 어떻게 하면 되는지를 찾는 시간을 갖도록 해줍니다.

★잘 주고 잘 받아요.

상대편과 겨루는 경쟁 게임이지만 게임을 하는 학생은 이제 막 배워 바로 게임을 하는 아마추어입니다. 어느 정도 규칙에 맞게 공이 주거니 받거니 해야 재미가 납니다. 발야구에서 공을 굴릴 때, 배구에서 서브를 할 때, 축구에서 패스를 할 때 잘 주어야합니다. 잘 받지 못한 것을 탓하기보다 잘 주지 못한 것을 되돌아볼 수 있어야 합니다. 멋진 경기를 만드는 건 잘 주기에서 시작되기 때문입니다.

★함께 해요.

나도 하고 싶으면 상대방도 하고 싶은 법입니다. 물론 똑같게 할 수는 없습니다. 잘하는 학생은 공을 잡지 못하는 학생에게 배려하고 양보해 달라

고 지도합니다. 그래서 되도록 다 같이 참여하는 게임을 위해 규칙을 만들어보자고 합니다. 예를 들면, 배구에서 서브는 돌아가면서 하고, 같은 편이라도 공간을 나누어서 공격과 수비를 번갈아 하는 것처럼 새로운 규칙을 제안하고 의논하는 과정에서 배려와 존중을 키워줄 필요가 있습니다.

편을 골고루 짜요.

공을 잘 다루는 학생들이 많은 편이 유리하기 나름입니다. 같은 편으로 한 번의 승리도 못하기보다 편을 바꿔주면서 잘하는 학생들과 같은 편이 되게 합니다. 10분 내외로 한 게임이 끝나는 경우, 편을 바꾸어서 다음 게임을 할 수 있고, 다음 시간에 같은 경기로 편을 다르게 지정할 수 있습니다. 예를 들어 1모둠을 기준으로 해서 1-2모둠 한편, 3-4모둠 한편이라면 다음 게임에서는 1-3모둠, 2-4모둠, 그 다음은 1-4모둠, 2-3모둠으로 할 수 있습니다.

22 배구공 릴레이

배구 게임을 잘하기 위해서 기본 기능을 익힐 수 있는 놀이입니다. 보다 쉽게 배구를 할 수 있게끔 바닥에 튕긴 공을 여유 있게 받고 서브, 리시브, 토스를 손바닥으로 하기 때문에 자신감을 가지고 할 수 있습니다. 또한 '도전!' 기능이 있어 잘할수록 더 잘하고 싶어집니다.

준비물	모둠수 만큼 탱탱볼, 라인기(접시콘)
인원	6인 1모둠
대형	지름이 3m 원
소요시간	5분 안팎

놀이방법 1

공 주고받기

01 첫 번째 사람은 공을 아래에서 위로 던져서 준다.

02 공은 원 가운데에서 한 번 튕긴다.

03 반대쪽에 있는 사람이 양손을 모아서 손바닥으로 공을 받고 다른 사람에게 준다.

04 공을 몇 번 주고받았는지 다 같이 세면서 큰소리로 말한다.

05 공이 땅에 두 번 튕기거나 받지 못하면 실수한 사람부터 다시 1번처럼 시작한다.

주의사항

- 공을 주는 사람은 상대방이 잘 받을 수 있도록 던져줍니다.

놀이방법 2

공 올리기

01 원 대형으로 서서 순서를 정하고, 첫 번째 사람은 원 안으로 들어간다.

02 원안의 사람은 공을 땅에 한 번 튕겨서 오르는 공을 손바닥으로 친다. 이 때, 공이 수직으로 올라가면 다음 사람이 이어서 하기 좋다.

03 원 안의 사람은 제자리로 돌아오고, 다음 사람이 들어가서 한다.

04 공이 한 번씩 튕겨 오를 때 마다 "하나", "둘", "셋" 다 같이 큰소리로 세어준다.

05 공이 땅에 두 번 튕기거나 다음 사람이 받기 곤란할 경우 실수한 사람부터 2번처럼 다시 시작한다.

주의사항

- 실수한 사람부터 하는 것은 연습 기회를 더 주기 위해서 입니다.

한 발자국 뒤로

릴레이가 잘 이루어지면 원을 넓히기 위해 한 발자국씩 뒤로 물러서서 합니다. 공을 칠 때 정확성을 더 높이고 힘을 더 써서 길게 주고 받을 수 있습니다.

모둠 경기

어느 모둠이 몇 번을 하는지 세면서 게임을 합니다. 전체 모둠이 동시에 시작하고, 끝난 모둠은 자리에 앉습니다. 모두 끝나면 몇 번을 했는지 파악하고 잘한 모둠을 칭찬합니다. 다른 모둠은 자리에 앉아 있고 한 모둠씩 일어나서 할 수도 있습니다.

도전!

자연스럽게 모둠별로 할 때 최고 성적을 말하도록 합니다. 선생님은 그 말을 받아서 "○모둠은 ○번으로 기네스북에 올랐습니다." 그러면 "선생님, 우리는 ○번이예요."라는 말이 곧 터져 나옵니다. 그 말을 받아서 기네스북에 올라갔다고 말해주고 가끔씩은 사실인지 확인하고 칭찬하면 성취 의욕이 높아집니다.

자유대형

원 대형은 공을 골고루 주고받고 필요한 위치로 이동했다가도 자신의 위치로 되돌아오도록 하기 위해서 기본 대형으로 정한 것입니다. 원 대형을 유지하는 것이 어려울 경우에는 공을 잘 주고 받을 수 있는 어떤 이라도 허용해 줍니다.

Work Book

23 손 네트 배구

배구공 릴레이 다음 단계로 해보는 놀이입니다. 원 안에 있는 손 네트를 피해서 공을 높이 올려서 패스하는 연습을 할 수 있습니다. 공을 낮게 주었다가 손 네트에 걸리면 막아낸 사람과 역할이 바뀝니다.

준비물	모둠 수 만큼 탱탱볼, 라인기(접시콘)
인원	6인 1모둠
대형	지름이 3m 원
소요시간	5분 안팎

01 첫 번째 사람은 공을 아래에서 위로 던져서 준다.

02 공은 상대 쪽으로 날아가서 원 바깥에서 한 번 튕긴다.

03 받은 공은 다른 사람에게 쳐서 준다.

04 상대 쪽 사람이 공을 받기 어려운 방향으로 공이 가거나 무릎 아래로 낮게 들어오면, 공을 보낸 사람이 원 안으로 들어간다.

05 원 안에 있는 사람은 앉은 자세로 손을 뻗어 공을 막거나 잡으면, 그 사람과 공을 보낸 사람과 역할이 바뀐다.

06 원 밖에 두 사람이 남았을 때 한 사람이 실수를 하게 되면, 그 사람은 원안으로 들어오고 원안에 있던 사람들 모두는 살아난다

주의사항

- 원에서 두 발자국 쯤 물러서도록 해서 은근 간격을 넓혀야 공이 튕겨 올랐을 때 받기가 쉽습니다.
- 원 안에서 손 네트 역할을 하는 사람은 앉은 자세에서 엉덩이를 들지 않도록 합니다.

손 네트 점프!

앉은 상태에서 무릎이 펴지지 않을 정도로 점프할 수 있게 합니다. 그러면 더 높게 손 네트를 올릴 수 있어서 공을 더 잘 막거나 잡습니다.

원 안에 있는 사람 맞추기

바닥에 튕겨서 오르는 공을 다른 사람에게 주지 않고 원 안에 있는 사람을 맞힐 수 있게 합니다. 단, 머리를 제외한 부위를 맞히도록 하고, 만약 머리를 맞히면 본인도 들어가게 됩니다. 원 안에 있는 사람이 공을 막거나 원 밖으로 공이 나가기 전에 잡으면 공을 친 사람과 역할이 바뀌게 되어서 조심스럽게 합니다. 공이 사람을 맞고 원 밖으로 나가면 공을 가지고 온 사람부터 다시 시작합니다.

인간 네트 배구

배구공 릴레이, 손 네트 배구에서 갈고 닦은 실력을 발휘해서 하는 게임입니다. 네트를 치는 번거로움 없이 사람이 네트 역할을 합니다. 모두가 선수와 네트로 참여하고 남녀가 번갈아 가며 공격을 펼칠 수 있어 고르게 활약합니다.

준비물	탱탱볼(소프트발리볼), 조끼, 라인기(접시콘)
인원	30명 기준, 학급 전체 두 편
대형	가로 18m, 세로 9m의 배구장
소요시간	20분 안팎

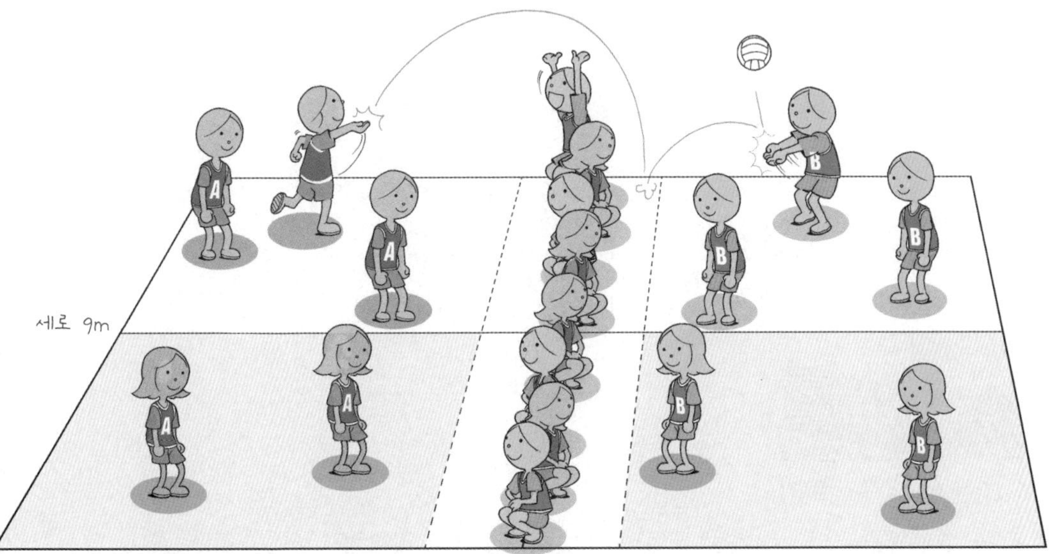

01 가위바위보로 서브할 편을 정한다. 그 다음 서브부터는 실점한 편에서 하고 남녀가 번갈아 가며 한다. 예를 들어, A편의 남자 서브로 시작해서 B팀이 실점하면, B팀 여자가 서브를 한다. B팀 여자가 서브해서 A팀이 실점하면, A편 남자가 서브해서 남녀가 골고루 게임에 참여 하도록 합니다.

02 서브는 편한 위치에서 아래에서 위쪽으로 상대편 공간으로 던진다.

03 상대편은 땅에 튕긴 공을 받아서 다른 사람에게 패스한다. 우리편 공간에서 4번 안에 4번 공이 땅에 튕기거나 4명이 패스를 주고 받으면 다른 편 공간으로 넘긴다.

04 다음과 같을 때 우리편이 득점을 한다.
우리편 인간네트가 상대편이 넘기는 공을 막거나 잡았을 때, 우리편이 상대편 공간으로 넘긴 공을 땅에 튕기기 전에 쳤을 때, 공을 받자마자 1회에 우리편 쪽으로 넘겼을 때, 상대편이 공을 경기장 밖으로 내보냈을 때, 한 사람이 연속으로 공을 쳤을 때, 공이 땅에 두 번 튕길 때, 스파이크를 할 때.

05 어느 편이든지 5점을 먼저 득점하면 양편 모두 5점에 네트 역할과 경기하는 역할을 바꾸고 10점을 먼저 득점한 편이 이긴다.

주의사항

- 시간을 아끼기 위해 교실에서 두 편으로 나눕니다. 또다시 같은 편에서도 선수를 될 모둠과 네트를 할 모둠으로 나눕니다.
- 번호를 부여하면 서브 순서와 인간 네트 줄서기 할 때 편리합니다. 홀수편은 1, 3, 5,…, 짝수편은 2, 4, 6,… 번호를 정해주고 반으로 갈라 앞쪽 번호 공격, 뒤쪽 번호는 네트로 시작합니다.
- 스파이크는 허용하지 않습니다.
- 땅에 튕긴 공은 '배구공 릴레이'에서 해본 것처럼 수직으로 공을 받아 올리면 다른 사람이 치기 좋습니다.
- 남녀 공간이 나눠져 있다고 해서 따로 게임을 하는 것이 아닙니다.

네트 높이 조절하기

학년별, 수준별에 따라 양반 다리로 앉아있기, 쪼그리고 앉아있기, 서 있기로 바꿀 수 있게 합니다.

인간네트 점프하기

쪼그리고 앉아 있다가 폴짝 점프를 해서 손으로 공을 막을 수 있게 합니다. 점프를 하더라도 다리가 쭉 펴질 정도는 아닙니다.

남자는 족구하기

인간 네트 역할을 맡은 사람들을 양반 다리로 앉아있게 해서 네트 높이를 낮추고 남자는 발을 쓸 수 있도록 합니다.

Work Book

25 바운딩 배구

배구 게임의 네 번째로 제법 배구 경기다운 모습을 갖추기 위해서 인간 네트 대신 배드민턴 네트를 치고 합니다. 같은 편 공간도 전방, 후방 둘로 나눠서 공격과 수비로 구분하고 스파이크도 허용하여 박진감을 더해줍니다.

준비물	배드민턴 네트, 탱탱볼(소프트발리볼) 1개
인원	30명 기준, 학급 전체 두 편
대형	가로 18m, 세로 9m, 우리편 공격과 수비 공간에 위치
소요시간	10분 안팎

01 가위바위보를 해서 이긴 편에서 서브를 먼저하고 그 다음부터는 실점한 편에서 한다. 공을 쉽게 넘길 수 있도록 전방에 있는 사람이 서브를 한다.

02 상대편은 바운딩 된 공을 받아서 다른 사람에게 패스를 하고 4번 안에 네트를 넘겨서 보낸다.

03 인간 네트 배구와 득실점 규칙은 같고 다음만 다르다.
네트를 처음 넘어와서 바운딩한 공을 상대편으로 바로 넘길 수 있다. 다만, 스파이크로 곧장 넘기지 않도록 하고 스파이크는 우리 편에서 패스가 1회 이상 이루어진 다음부터 허용한다.

04 어느 편이든지 5점을 먼저 득점하면 양편 모두 역할 교대를 하고 10점을 먼저 득점한 편이 이긴다.

주의사항

- 전후방 구분선은 모두 골고루 참여하기 위해서 그은 선입니다. 공을 살리기 위해서 필요 할 때는 넘어가도 됩니다.
- 스파이크의 남용을 막기 위해서 패스가 1회 이상 이루어진 다음부터 허용합니다.
  스파이크 성공으로 득점할 수 있지만 골고루 참여해서 함께 만들어내는 득점의 맛이 더 짜릿하다는 것을 알려줍니다.

공간을 좌우로 나누기

인간네트배구처럼 같은 편 공간을 좌우로 나누면 한 사람당 볼 점유율이 더 높아집니다.

네트 자리를 빈 공간으로 남기기

네트를 쉽게 칠 수 있으면 좋겠지만 여건상 어려운 경우가 많습니다. 네트 자리 선을 기준으로 하고 양쪽 40cm 간격으로 선을 긋고 그곳에 공이 떨어질 경우 네트에 걸린 것으로 합니다.

남자는 족구하기

서브할 때나 위급할 때 또는 발로 공을 잘 다룰 수 있다면 발을 쓸 수 있도록 합니다.

26 터널 발야구

타자가 공을 차고 나서 자기편이 한 줄로 서 있는 곳을 정해진 바퀴만큼 돌 때, 수비는 다리터널을 만들어 그 속으로 잡은 공을 통과시켜 먼저 홈베이스로 와야 하는 발야구입니다. 공을 멀리 차는 것보다 같은 편끼리 협력을 잘 해내야 하는 놀이입니다.

준비물	배구 공 1개, 라인기(접시콘)
인원	30명 기준, 학급 전체 두 편
대형	공격 편은 타자를 제외하고 앞사람 어깨를 잡고 3루 선상에 한 줄로 서 있음, 수비 편은 운동장에 골고루 퍼져 수비할 준비를 함.
소요시간	40분 안팎

놀이방법

01 남녀를 섞어 두 편으로 나눈 뒤 가위바위보로 공격과 수비를 정한다.

02 공격편은 남녀를 번갈아 차례를 정한 뒤 한 줄로 3루 선상에 선다.

03 맨 처음 공격할 사람은 홈 베이스 앞으로 나와 공을 찰 준비를 한다.

04 수비 편은 공을 굴려줄 투수를 정하고 수비하는 공간에 골고루 펼쳐 선다.

05 타자는 공을 차고 나서 한 줄로 서있는 자기편을 네 바퀴 돈다.

06 수비 편은 누군가 먼저 공을 잡게 되면 그 자리에 가랑이를 벌리고 멈춰 선다.

07 이때 다른 사람들도 모두 얼른 그 뒤로 가서 가랑이를 벌려 터널을 만들고, 공을 굴려 맨 뒤로 보냅니다.

08 맨 뒤에 있던 사람은 공을 잡고 힘차게 수비용 홈 베이스까지 뛰어 온다. 이때, 다른 사람들은 터널을 만든 채로 그대로 서 있어야 한다.

09 타자가 공을 차고 네 바퀴를 안전하게 돌아오면 1점을 얻는다. 타자가 네 바퀴 돌기 전에 수비수가 먼저 홈베이스에 도착하면 아웃 된다.

10 타자가 다섯 바퀴 돌면 2점, 여섯 바퀴째는 3점을 얻는다. 단, 점수를 더 얻으려고 뛰는 도중 수비수가 홈베이스에 먼저 들어오면 아웃된다.

11 타자는 공을 차고 나면 자기편 맨 뒤로 가서 다음 차례를 기다리고, 3아웃이 되면 공격과 수비 역할을 바꿔 진행한다.

주의사항

- 투수가 공을 굴려줄 때는 타자가 차기 좋게 굴려줍니다.
- 타자가 찬 공을 공중에서 잡으면 아웃됩니다.
- 수비가 터널을 만들 때 중간에 끼지 않고 무조건 맨 뒤로 가서 서게 합니다.
- 수비수 가운데 공을 잡고 홈으로 뛰는 역할을 하는 사람은 너무 빨리 뛰다가 미끄러지거나 타자와 부딪치지 않도록 주의를 줍니다.
- 같은 편끼리 서로 책임을 떠넘기지 않고 협력하고 배려해야 된다는 것을 수시로 일러줍니다.

타자가 돌 때 붙잡아 주세요!

타자가 공을 차고 자기편이 서있는 줄을 뛰다가 뱅글 돌 때, 원심력 때문에 더 많은 거리를 달려 나가게 됩니다. 이때 가장 자리에 서 있는 사람들이 붙잡아 주면 더 안전하고 빠르게 돌 수 있습니다.

타자가 돌 때 붙잡아 주세요!

타자가 공을 차고 자기편이 서있는 줄을 뛰다가 뱅글 돌 때, 원심력 때문에 더 많은 거리를 달려 나가게 됩니다. 이때 가장 자리에 서 있는 사람들이 붙잡아 주면 더 안전하고 빠르게 돌 수 있습니다.

앞으로 밀착!

공격 편은 한 줄로 설 때 앞 뒤 사람 간격이 멀어지면, 타자가 뛰어야 할 거리가 많아져 점수를 얻기 힘듭니다. 따라서 앞으로 최대한 다가서면 더 빨리 돌 수 있습니다.

세 바퀴째부터 1점

수비하는 아이들이 역할을 잘해서 점수가 잘 나지 않으면, 세 바퀴째부터 1점으로 해도 됩니다. 몇 바퀴 돌아야 점수를 얻게 할지는 아이들의 수준을 살펴 조정하는 것이 좋습니다.

번개 작전타임

팀원 모두가 협력해야 하는 경기이기 때문에 중간 중간 같은 편끼리 서로 이야기 하는 시간을 잠깐 줍니다. 어떤 점이 문제인지, 서로 어떻게 노력할지 이야기 나누게 합니다. 팀원끼리 갈등을 겪기도 하지만, 서로 배려하고 최선을 다할 수 있도록 격려하는 분위기를 만들게 합니다.

수비편은 홈베이스 쪽으로 터널 만들기

수비하는 편은 홈베이스 쪽으로 터널을 만들면 마지막에 뛰는 사람이 얼른 홈으로 들어올 수 있어 아웃시킬 확률이 높아집니다.

가장 빠른 사람이 맨 뒤에 서기

수비하는 사람 가운데 가장 빠른 사람이 맨 뒤에 서는 작전을 짜면, 아웃시킬 확률이 높아집니다.

투수 역할 번갈아하기

투수는 여러 아이들이 하고 싶어 합니다. 공을 굴려줄 역할을 1회씩만 할 수 있게 하면 골고루 해 볼 수 있습니다.

2아웃 체인지

수비 편이 아웃카운트를 줄이는 것을 힘들어하면 2아웃 체인지로 바꿀 수 있습니다.

수비 편은 공을 위로 전달하기

수비편이 공을 잡으면 가랑이를 벌려 터널을 만드는 대신 한 줄로 서서 공을 위로 전달하는 것으로 바꿔 해도 좋습니다.

여러 번 해 보기

터널 발야구를 몇 시간에 걸쳐 여러 번 해보는 것이 좋습니다. 맨 처음 갈등이 많았던 아이들도 놀이에 익숙해지고, 또 서로 협력해서 참여하는 과정에서 성취감을 맛볼 수 있습니다.

27

쪽지 발야구

쪽지 발야구는 쪽지를 뽑아서 나온 대로 몇 루까지 진출할지 결정이 되는 발야구입니다. 임대진 선생님께서 만든 쪽지 발야구 게임에 다양한 응용을 더했습니다. 1루에만 진루를 성공하면 쪽지에 적힌 대로 이동하기 때문에 남녀가 실력 차에 덜 좌지우지되고 우리 편에 큰 기여를 할 수 있습니다.

준비물	배구공, 1루, 2루, 3루 베이스
인원	30명 기준, 학급 전체 두 팀
대형	가로, 세로 20m의 야구장
소요시간	30분 안밖

01 볼 3개는 1루 진출, 파울 3개는 아웃, 원아웃으로 공격과 수비를 바꾸는 3회 경기이다.

02 가위바위보로 공격, 수비를 정한다.

03 선생님은 홈런 1장, 3루타 2장, 2루타 3장, 1루타 4장, 아웃 1장 쪽지를 봉투에 담아서 홈베이스 옆에 서 있는다.

04 공격할 차례가 된 사람은 쪽지를 뽑아서 몇 루타가 나오는지 확인한다.

05 투수는 여자로 하고 1루, 2루, 3루수 수비수는 남자, 내야 수비수는 여자, 외야 수비수는 남자로 한다.

06 투수가 공을 던질 때는 차기 좋게 홈베이스 쪽으로 굴려준다.

07 공격하는 사람이 안타를 치고 1루 진출에 성공하면, 쪽지에 써져 있는대로 이동한다.

08 수비는 아직 땅에 떨어지지 않은 공을 잡거나 주자가 이동하는 1루, 2루, 3루, 홈으로 먼저 공을 던져서 수비수가 잡게 하면 아웃시킬 수 있다.

주의사항

- 주자가 갈 곳과 아웃을 시킬 곳을 '칸수'로 설명하면 쉽습니다. 예를 들어, 1루에 주자가 있고, 타자는 3루타를 뽑았습니다. 이 타자가 안타를 치고 1루 진출에 성공하면, 3루타를 뽑았으므로 홈으로부터 3칸 이동합니다. 원래 1루에 있는 주자는 3칸 이동해서 홈으로 들어오고, 1루 진출에 성공한 주자는 3칸 이동해서로 3루타로 가면 됩니다. 수비는 안타가 되었을 경우, 타자가 이동할 1루와 1루에 있던 주자가 이동할 홈에서 아웃을 시킬 수 있습니다.
- 공격과 수비하는 사람들은 어디로 가야하고 공을 보내야 하는지 미리 서로에게 알려주게 합니다.
- 수비가 홈으로 아웃을 시키려면 공을 들고 달려가거나 수비수 누구나 홈 베이스를 밟고 공을 받으면 됩니다.

남자는 보통 발야구로 하기

남자는 보통 발야구 규칙대로 하고 여자만 쪽지 발야구 규칙으로 진행하면 여자가 우리 편에 더 많은 기여를 할 수 있습니다.

공격과 수비 체인지 규칙 바꾸기

한 시간 수업에서 3회 경기가 진행될 수 있도록 원 아웃 체인지를 하고 시간을 측정해본 다음 그 다음 수업에서 경기 진행 속도에 따라 투 아웃, 쓰리 아웃으로 공격과 수비를 바꿉니다.

남자 투수 등장

여자 참여율을 높이기 위해서 투수를 여자로 하는데 발야구 실력에 따라 투수를 남자로 해봅니다. 내야에 남자 수비수가 생겨서 좋습니다. 그래도 공은 타자가 잘 찰 수 있도록 굴려주도록 합니다.

내야 수비수 늘리기

내야 수비를 강하게 하기 위해서 남자 수비수를 한 명씩 허용해 줍니다.

쪽지 대신 하드 막대

두고두고 쓸 수 있도록 하드 막대 아래 부분에 써두고 통에 담아서 씁니다.

티볼 규칙으로 하기

쪽지 발야구 규칙으로 진행을 하되 티볼처럼 아웃과 상관없이 공격하는 편 선수들은 모두 한 번씩 공격에 참여합니다. 즉 '몇 아웃 체인지' 규칙이 없습니다. 예를 들어 1번 타자부터 9번 타자까지 있다면 중간에 아웃이 되더라도 9번 타자까지 공격에 참여하고 나온 점수를 1회 점수로 계산하고 공격과 수비를 바꿉니다.

홈런	3루타	3루타
2루타	2루타	2루타
1루타	1루타	1루타
아웃		1루타

Work Book

28

3점 축구

남녀가 서로 어울려 즐길 수 있는 축구입니다. 여자에게는 공을 더 차지할 수 있는 규칙을 마련해 주고 남자, 여자, 남녀 1점씩 합이 3점이 되면 이기는 게임입니다.

준비물	조끼, 축구공 1개
인원	학급 전체 두 편
대형	축구장
소요시간	20분 안팎

01 가위바위보로 먼저 공격할 편을 정한다.

02 처음에 할 골키퍼를 정하고 나중에 골키퍼를 바꾸고 싶으면 '하이파이브'를 해서 바꿀 수 있다.

03 드로우인, 코너킥은 여자가 하고 여자가 공을 몰고 상대편 여자만 가로챌 수 있다.

04 득점은 남자가 슛 1점, 여자가 슛 1점, 패널티 에어리어 안에서 남녀 패스가 이루어진 다음 슛 1점을 인정한다. 득점 순서는 상관없다.

05 세 가지 방법을 다 써서 합이 3점이 되면 이긴다.

주의사항

- 여자가 공을 몰고 가는 경우는 선생님이 판단해주세요. 여자 발에 공이 맞았다고 해서 몰고 가는 경우에 해당하지는 않습니다. 또한 공을 차지하기위해 여러 사람이 몰려있을 때 여자에게 공이 맞고 튕겨 나오는 경우는 제외합니다.
- 여자가 공을 몰고 갈 때 남자들이 습관적으로 공을 가로챕니다. 호루라기 신호 약속을 정해서 여자가 몰고 갈 경우 선생님이 호루라기를 길게 불기로 합니다. 그러면 남자는 주변으로 물러납니다. 가로챘을 경우는 그 자리에서 다시 공을 몰고 갈 수 있게 합니다.

공 2개로 늘리기

주심도 두 명 둡니다. 주심 한 명이 공 한 개를 집중적으로 봅니다.

여자 규칙을 조절하기

여자가 골을 몰고 가는 경우 남자들이 가로채지 못하는 것을 상대편 공간에 있을 때로 제한한다. 또는 남자가 공을 가로챘을 때 여자는 그 자리에서 다섯 발 앞으로 가서 다시 공을 몰고 갈 수 있게 한다.

Part 4

RPG 역할놀이게임을 하기 전에 알아 두면 좋은 이야기

앞에 소개된 다른 놀이들과는 달리 RPG 놀이에 대해서는 조금 생소하거나 게임을 의미한다고 생각하실 것입니다. RPG는 'Role Playing Game'의 약자로 어떤 가상 상황에서 맡은 역할을 하면서 노는 것입니다. 앞서 베잇슨(Bateson}이 놀이에는 내용(contents)과 맥락(context)이 있어서 가상현실을 창조해낸다고 소개했었습니다. 다른 놀이들에 비해 이와 같은 맥락, 이야기, 역할 연기와 같은 요소들이 강조되는 놀이입니다. 어린 시절 소꿉놀이를 예로 들 수 있으며 연극, 영화, 뮤지컬은 역할놀이게임의 구조가 보다 체계적이라고 할 수 있습니다.

이러한 역할놀이가 보다 구조화되면서 내용과 맥락이 강화되어 TRPG(Table Role Playing Game)나 ORPG(Online Role Playing Game)로 발전하였습니다. 이것들은 매우 다양한 역할과 아이템, 사건들이 복잡한 규칙과 구조로 이루어져 있습니다.

판타지 RPG를 개발하다.

탁자에 모여 앉아서 역할을 정하고 놀던 TRPG는 화려한 그래픽과 소리를 더해 온라인 게임 ORPG로 만들어져 많은 사람들이 즐기고 있습니다. 이처럼 재미있는 RPG를 운동장으로 옮겨 볼 수 없을까 많은 고민을 하고 실험을 해보았습니다. 그 결과 판타지 소설이나 영화의 인물과 상황들을 반영하여 판타지 RPG 놀이를 만들게 되었습니다. 비슷한 놀이인데도 역할과 이야기가 주어지자 학생들이 더욱 더 몰입하고 즐겁게 참여하였습니다.

이와 같은 판타지 RPG 놀이를 아이들과 즐기면서 글을 쓰도록 했는데 놀라운 글들을 쓰기 시작했습니다. 운동장에서 함께 뛰어 놀았던 판타지 RPG 놀이를 바탕으로 판타지 소설을 쓰는 아이들이 생겨난 것입니다. 그런데 초등학생들이 쓴 글이라고 하기에는 너무나 실감나게 재미있었습니다. 그 까닭은 그 아이가 이미 소설 속의 인물이 되어 다양한 경험을 하고 감정을 느끼고 생각들을 정리했기 때문입니다. 즐겁게 놀았더니 상상력과 표현력이 크게 향상되는 경험을 하게 된 것입니다.

역사 RPG를 개발하다.

주로 5~6학년을 가르치다 보니 역사 수업을 더욱 더 즐겁게 하기 위해 많은 고민을 했습니다. 그러다 판타지 RPG에서 판타지를 역사로 바꾸어도 되지 않을까 생각을 했고 피구 놀이에 고구려, 백제, 신라의 개념을 활용한 '고백신 피구'를 개발하게 되었습니다. 피구 자체가 즐거운 놀이이기도 하지만 고구려, 백제, 신라의 동맹과 전쟁을 모의로 경험하면서 책 속에 문자로만 있던 역사가 더욱 더 생생하게 아이들의 삶으로 다가왔습니다.

이후 몇 가지 역사 RPG를 개발하여 재미있게 놀다가 온라인 RPG의 종족, 직업, 전투력, 무기 등의 개념을 카드로 만들어서 카드형 RPG 게임을 만들었습니다. 시작할 때 카드를 뽑아서 인간인가 동물인가가 결정되면서 자신의 직업과 전투력이 정해집니다. 그리고 인간은 무기 카드를 뽑아 자신의 능력을 더욱 향상시킵니다. 가능하면 역사적 사실과 가깝게 만들려고 노력했고 그것이 더욱 큰 재미와 배움을 불러 일으켰습니다. 특히 카드형 RPG는 현실의 신체적 능력이 아니라 자신이 뽑은 카드에 의해 능력이 정해지기 때문에 운동을 잘 못하는 아이들도 영웅이 되어 참여할 수 있는 기회가 주어집니다.

학부모 공개수업으로 부모님들도 함께 놀았던 적이 있었는데, 현실에서는 경찰특공대 대장이지만 놀이 속-가상현실에서는 하급전사가 되어 안타까워하면서도 머리를 더 많이 쓰거나, 현실에서는 전업주부이지만 놀이 속-가상현실에서는 헤라클레스가 되어 영웅으로 힘을 과시하며 신나게 뛰어다녔었습니다. 이 과정에서 신체적 능력이 뛰어난 사람은 뛰어난 대로, 약한 사람은 약한 대로 특별하고 소중한 경험을 할 수 있었습니다.

RPG 게임은 현실을 반영합니다. 맥락이 판타지인가, 역사적 사실인가의 차이가 있지만 현실을 반영하는 가상현실입니다. 가상현실은 현실에 비해 안전하고 다양한 시도를 해볼 수 있습니다. 이 과정을 통해 사람들은 자신을 발견하고 삶의 방향을 찾고 삶에 필요한 능력을 키우게 됩니다.

29 대마왕 놀이

가위바위보를 해서 이긴 사람은 다음 단계로 진화하는 '진화 가위바위보' 놀이를 기본으로 대마왕과 겨루는 판타지 이야기를 반영하여 만든 놀이입니다. 선생님은 대마왕이 되어 학생들에게 마법을 걸어 모두 다 바퀴벌레로 만듭니다. 바퀴벌레가 된 아이들은 가위바위보를 통해 진화하고 진화의 마지막 단계인 대천사가 되어 대마왕과 겨룹니다. 만약 대천사가 대마왕에게 지면 다시 강력한 마법에 걸려서 모두 바퀴벌레로 돌아가고 대천사가 대마왕을 이기면 마법이 풀려 모두 사람으로 돌아옵니다.

준비물 | 없음

인원 | 20~30명 안팎

놀이 | 교실 또는 운동장

(교실에서는 책상 속으로 의자를 집어넣는 것만으로도 놀이를 할 수 있다)

소요시간 | 5분 안팎 (학생 수에 따라 달라짐)

01 **선생님이 마법을 걸면 학생들은 모두 바퀴벌레가 되어 바퀴벌레 흉내를 낸다.**

(진지한 표정으로) "여러분 솔직히 말 할 게 있어요. 그동안 여러분들을 속인 게 있어요. 사실 나는 착한 사람이 아니에요. 나는… 대마왕이야. 크하하하! 5000년 전 지구를 멸망시키기 위해 지옥에서 왔지. 하지만 인간세계로 오는 동안 문제가 생겨 기억을 잃고 이렇게 인간으로 살아왔다. 어제 밤에야 비로소 알아차리게 되었어. 나는 대마왕이라는 것을. 그래서 너희들에게 모두 마법을 걸려고 한다. 아무것도 모르는 너희들을 위해 나의 위대한 마법을 설명해주지."

02 **칠판에 '바퀴벌레 ➔ 쥐 ➔ 고양이 ➔ 개 ➔ 호랑이 ➔ 사람 ➔ 천사 ➔ 대천사'를 아래서부터 위로 차례로 쓴다.**

"대마왕이 마법을 걸면 너희는 모두 바퀴벌레가 된다. 다른 바퀴벌레를 만나서 가위바위보를 해서 이기면 다음 단계인 쥐가 된다. 그러니까 같은 진화 단계의 동물들끼리만 가위바위보로 겨룰 수 있고 이기면 다음 단계로, 지면 이전 단계로 떨어지는 거지. 쥐끼리 겨뤄서 이긴 쥐는 고양이가 되고 진 쥐는 다시 바퀴벌레가 되는 거야. 단 바퀴벌레는 더 떨어질 수도 없겠지? 이렇게 단계가 높아지면 사람이 될 때가 올 거야. 이때가 되면 비로소 사람의 말을 할 수 있어. 이 말은 곧 사람이 아닌 동물들은 소리 내지 않고 몸짓으로만 표현해야 하는 거야. 칠판에 단계를 써 두었으니 모르겠으면 다음 단계를 참고하면 된다."

03 **다음 표의 내용과 대사를 설명해준다. 아래 바퀴벌레부터 한 단계씩 설명하면서 올라간다.**

<table>
<tr><th>단계</th><th colspan="3">동작 및 소리</th></tr>
<tr><td>대천사</td><td>의자 위에 올라가서 다른 동물들을 모으고 대마왕에게 도전한다. 대마왕과 대천사 액션 가위바위보</td><td colspan="2">대천사를 바라보고 모든 아이들 앉기(이때 아이들은 "대천사, 대천사" 구호 외치기)</td></tr>
<tr><td>천사</td><td>날개짓을 하며 가위, 바위, 보</td><td colspan="2" rowspan="2">사람부터는 말을 할 수 있다.</td></tr>
<tr><td>사람</td><td>걸어다니며 가위, 바위, 보</td></tr>
<tr><td>호랑이</td><td>허리 펴고 두 손 높이 들고 어흥</td><td colspan="2">(입모양만 소리 내면 안됨)</td></tr>
<tr><td>개</td><td>두 손을 얼굴 위치에서 접었다. 폈다하면서 멍멍</td><td>멍멍거리며</td><td rowspan="3">허리 숙이고 (입모양만 소리 내면 안됨)</td></tr>
<tr><td>고양이</td><td>양 엄지를 얼굴에 대고 다른 손가락들을 접었다 폈다 하면서 야옹, 야옹</td><td>야옹 거리며</td></tr>
<tr><td>쥐</td><td>입 주변에 손을 대고 찍찍</td><td>찍찍 거리며</td></tr>
<tr><td>바퀴 벌레</td><td>쪼그리고 앉아서 손을 좌우로 흔들며 오리걸음으로 걸어 다닌다.</td><td colspan="2">입모양만 소리 내면 안됨</td></tr>
</table>

04 **대천사가 된 학생은 의자 위로 올라가서 다른 동물들을 모두 모아서 바닥에 앉히고 다른 동물들은 대천사를 외치면서 응원한다. 대천사는 선생님을 향해 다음과 같은 대사를 한다**(아이들의 창의적으로 바꿀 수 있으나 지나치게 공격적으로 말하면 대마왕이 열 받아서 다음에는 이 놀이를 하지 않을 수도 있다).

"지금까지 우리를 속이고 마법을 걸어 바퀴벌레로 만든 대마왕! 드디어 운명이 시간이 다가왔다. 나의 도전을 받아라!"

05 **다른 동물들이 일반 가위바위보를 했다면 대마왕과 대천사의 대결은 액션 가위바위보로 이루어진다. 이 대결은 단판 승부 또는 삼판양승제로 할 수 있다.**

액션 가위바위보 일반 동물들의 대결이 아닌 대마왕과 대천사의 격렬하고도 장엄하고 아름답고도 숭고한 대결을 표현하기 위해 만든 가위바위보이다. 가위바위보 소리에 맞춰서 멋진 동작을 취하면서 가위바위보를 한다. 가위바위보 손 모양으로 승패를 결정하고 비겼을 때는 더 멋진 동작을 취한 사람이 이긴다. 누구의 동작이 더 멋있는지 판정은 아이들이 한다.

06 **대마왕이 이기면**

"감히 대마왕에게 도전해? 모두 바퀴벌레로 변해라!"

를 외치고 처음부터 놀이가 시작된다. 만약 대천사가 이기면 대마왕은

"역시 대단하구나. 내가 졌다. 너희에게 건 마법은 풀리게 되고 모두다 사람으로 돌아온다. 자 이제 모두 자기 자리에 앉으세요! 여러분은 사람으로 돌아왔으니 공부를 하겠습니다. 00책 00쪽을 펴세요. 사람이 되었으니 공부해야지요. 내가 가위바위보에서 졌다고 이러는 거 아니에요. 여러분은 사람이니까 공부를 해야지요."

07 **학생들은 처음엔 선생님을 이겼다고 좋아하지만 마법이 풀리고 사람으로 돌아오면서 게임이 끝나고 도리어 지면 바퀴벌레가 되어 게임이 다시 시작되는 것을 알고 충격을 받는다. 그때 이런 이야기를 한다.**

"인생이란 이런 거예요. 이긴다고 다 좋은 것이 아니고, 진다고 다 안 좋은 게 아니지요. 하나를 얻으면 하나를 잃고, 하나를 잃으면 다른 하나를 얻게 되는 게 인생이지요."

08 **대천사가 이겨서 놀이가 끝나면 다시 처음부터 시작할 수 있다. 이때 대천사였던 아이를 불러서 귓속말을 한 뒤 그 아이를 타락천사로 만들어 교실 앞에 세워둔다. 놀이가 다시**

진행되고 학생들 중 대천사가 나와서 대마왕과 겨루자고 할 때 타락천사가 그를 막아선다.

"잠깐! 대마왕님은 바쁘신 분이다. 그 전에 나와 겨뤄야 할 것이다. 덤벼라!"

대천사가 이기면 타락천사가 쓰러지고 대마왕과 겨룬다. 타락천사가 이기면 타락천사가 다시 마법을 걸어서 바퀴벌레로 돌아가 다시 놀이가 시작된다.

주의사항

- 가장 중요한 것은 규칙을 지키는 것입니다. 특히 가위바위보를 해서 졌는데 이겼다고 속이거나 다음 단계로 내려가야 하는데 그러지 않는 사람이 있을 수 있습니다. 만약 그런 일이 생기면 그때부터 다음 놀이까지 참여하지 못하고 놀이를 관찰하도록 합니다. 자신이 어떻게 해야 놀이를 잘 할 수 있는지 관찰하도록 하고 그 다음 놀이를 시작하기 전에게 자신이 관찰하면서 배운 것을 이야기하게 합니다.
- 동물들의 역할 연기를 잘 할 수 있도록 격려합니다. 단순한 가위바위보 놀이가 아니라 자신이 동물이 되어 진화의 과정을 직접 체험해보는 놀이임을 분명하게 알려주고 역할 연기를 잘하는 친구들을 칭찬하고 시범을 보여주도록 합니다.

교실에서 놀기

인간과 천사가 아닌 동물은 말하지 못하도록 하면 교실에서도 조용하게 놀이가 이루어집니다. 바깥에서 한다면 동물도 동물의 소리를 낼 수 있도록 하면 좀 더 역동적입니다.

과학 시간에 생태계에 대해 공부하고 놀기

이 놀이에는 기본 생태계에 천사와 대마왕까지 포함이 되기는 하지만 과학 시간에 생태계에 대해 공부하고 생태계를 직접 체험하는 놀이로 활용할 수 있습니다.

놀고 나서 글쓰기

놀이를 하는 동안 경험했던 것들에 상상력을 더해서 글로 써보도록 하면 재미있는 글들이 많이 나옵니다. 함께 읽고 나누면서 상상력과 즐거움이 더욱 더 커지게 됩니다.

개구리 대모험

사람들에게는 삶이 있듯 개구리에게도 개구리의 삶이 있습니다. 개구리들은 개구리 마을을 떠나 연못의 연잎에 도달해야 합니다. 하지만 그곳에 가는 길에는 많은 천적들이 기다리고 있습니다. 그 천적들을 피해서 연잎에 도달하게 되면 개구리의 영웅이 되고 중간에 잡히면 개구리 무덤으로 가야합니다. 하지만 무덤에 5명이 오게 되면 부활하여 개구리 대모험에 다시 참여할 수 있습니다.

준비물	없음(또는 콘)
인원	20~30명
대형	가로 7 세로 15m 정도 (아래 그림 참고) 학생 수에 따라 조절할 수 있다.
소요시간	부활 기능이 있기 때문에 끝없이 진행될 수 있다. 교사가 시간을 제한할 수 있다.

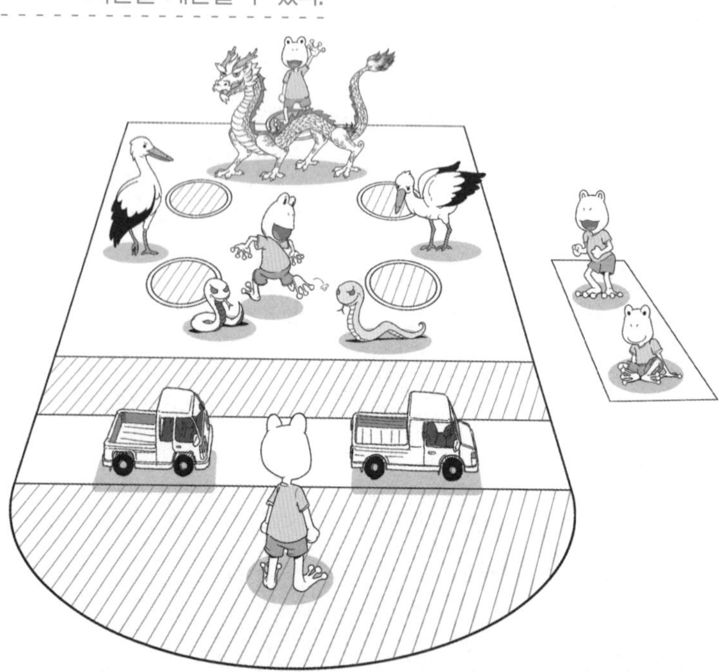

01 개구리들은 개구리 마을에서 '개구리 대모험'을 큰 소리로 외치고 모험을 시작한다.

02 도로의 트럭과 뱀과 황새, 그리고 용을 피해서 연잎으로 올라가야 한다(무슨 용이 연못에서 개구리 잡아먹고 있겠냐고 할 수 있겠지만 그래도 아이들은 용을 좋아한다).

03 연잎으로 가는 길은 너무나 멀고 위험하기 때문에 중간 중간에 안전지대가 있다. 트럭을 피하고 나면 나오는 개울, 뱀을 피해서 바위, 황새를 피해서 나무의 구역에 들어가면 잡히지 않는다.

04 이런 단계를 무시하고 한 번에 연잎까지 갈 수는 없다. 한 단계씩 차근차근 올라가야 한다.

05 연잎으로 가는 도중에 천적에게 잡히면 개구리 무덤으로 가야 한다.

06 개구리 무덤에 5명이 들어오면 '부활'을 외치고 놀이장 밖으로 돌아서 개구리 마을로 돌아간다. 그곳에서 '개구리 대모험'을 큰 소리로 외치고 모험을 다시 시작한다.

07 천적들을 모두 피해서 연잎에 도달하게 되면 '만세'를 외치고 개구리 영웅이 되고 다시 개구리 마을로 돌아가서 처음부터 다시 시작한다. 이때는 개구리 영웅 레벨 1이며 연잎에 도달할 때마다 레벨이 1씩 올라간다.

08 천적을 하던 사람들이 개구리가 되고 싶으면 자신이 잡은 개구리를 자신의 자리에 두고 자신은 개구리가 되어 개구리 대모험을 시작할 수 있다.

주의사항

- 판정은 공정해야 합니다. 하지만 개구리가 안전지대에 도착하는 것과 천적이 잡는 것이 거의 동시에 일어나서 정확하게 알 수 없다면 천적에게 우선권을 줍니다. 왜냐하면 시비가 붙으면 그때 다른 개구리들이 마구 통과할 수 있기 때문입니다. 그러나 판정은 항상 공정해야 함을 아이들에게 가르쳐 주어야 합니다.

재미 더하기

- 개구리 영웅이 된 아이가 천적이 되고 싶으면 그 사람에게 가서 역할 바꾸기를 할 수 있습니다.
- 역할 바꾸기는 천적이 개구리가 되고 싶을 때, 개구리 영웅이 천적이 되고 싶을 때 할 수 있으며 천적이나 개구리 영웅이 역할 바꾸기를 요구하면 반드시 들어주어야 합니다.
- 마지막에 개구리 영웅들의 레벨을 확인하여 가장 높은 레벨이 된 개구리 영웅은 개구리들의 왕이 됩니다. 여자 아이들 중 가장 레벨이 높은 개구리가 여왕이 됩니다. 개구리 마을의 왕과 여왕이 손을 잡고 개구리 마을을 한 바퀴 돌도록 하면 아주 재미있습니다.

31

해리코털과 마법사의 깡통

악의 화신 볼트너트가 부활하여 마법 세계를 정복하기 위해 호구화투를 점령합니다. 정의로운 해리코털과 그의 친구들은(백마법사) 호구화투에서 피신하고 볼트너트의 부하들은(흑마법사) 그들을 잡아 하나 둘 아줌마반 감옥에 잡아넣습니다. 아줌마반 감옥은 강력한 마법을 지닌 괴마법사들이 지키고 있기 때문에 그 누구도 도망갈 수 없는 곳입니다. 호구화투의 비밀의 방에 보관되어 있는 '마법사의 깡통'을 차면 엄청난 마법력이 생겨 괴마법사들의 힘이 한순간 마비되고 이때 아줌마반에 갇혀있던 해리코털의 친구들은 탈옥할 수 있습니다. 백마법사가 되어 친구들과 마법세계를 구하는 놀이 또는 흑마법사가 되어 마법세계를 점령하는 놀이입니다. '깡통차기' 놀이를 판타지 이야기로 변형하였습니다.

준비물	없음(또는 콘)
인원	20~30명
놀이장	운동장의 절반 정도(학생 수에 따라 조절할 수 있다.)
	비밀의 방 : 지름 2m 원 **아줌마반 감옥** : 지름 4~5m 원
소요시간	10분 안팎(학생 수와 경기장 크기에 따라 달라짐)

놀이방법

01 해리코털 편(이후 백마법사)과 볼트너트 편(이후 흑마법사)으로 나눈다. 백마법사들의 임무는 볼트너트의 부하들로부터 도망가고 아줌마반 감옥에 갖힌 친구들을 구하기 위해 비밀의 방에 숨겨진 마법사의 깡통을 차는 것이다. 흑마법사의 임무는 해리코털의 친구들을 잡아서 아줌마반 감옥에 가두고 마법사의 깡통을 지키는 것이다.

02 백마법사들은 모두 아줌마반에 갖혀 있고 그 중 한 명이 나와서 마법사의 깡통을 발로 차면 백마법사들이 도망 나오면서 놀이가 시작된다.

03 마법사의 깡통이 비밀의 방에서 나오게 되면 강력한 마법력에 의해 마법사의 깡통을 가지러 가는 흑마법사를 제외한 다른 이들은 모두 움직일 수 없으며 도망가는 백마법사들을 잡을 수 없다.

04 한 명의 흑마법사가 마법사의 깡통을 주워서 비밀의 방에 넣어두면 비로소 흑마법사들은 백마법사들을 잡을 수 있다. 이때 마법사의 깡통을 지키기 위한 괴마법사를 3명 내외로 정한다.

05 흑마법사들은 백마법사들을 잡아서 아줌마반 감옥에 넣어둔다. 절대로 빠져 나올 수 없다.

06 다른 흑마법사들은 백마법사를 잡으면 직접 손을 잡아서 아줌마반 감옥에 데려와야 하지만 괴마법사에게 잡힌 백마법사는 스스로 아줌마반 감옥에 가야 한다(비밀의 방을 지키기 위해).

07 모든 백마법사를 잡아서 넣으면 흑마법사들의 승리한다. 하지만 제한시간(10분 내외) 동안 백마법사들이 살아남으면 호구화투의 교장선생님 덤블링도어(선생님)가 나타나서 모든 백마법사들을 구하고 백마법사가 승리한다.

주의사항

- 비밀의 방을 지키는 괴마법사가 너무 많으면 깡통을 찰 수가 없어서 재미가 없고, 반대로 너무 적으면 걸핏하면 깡통을 차기 때문에 잡아야 하는 흑마법사들이 재미가 없습니다. 놀이를 해보고 적절하게 조절하면 좋습니다.
- 운동장을 크게 사용하기 때문에 다른 반 수업에 방해가 되지 않도록, 운동장 주변의 구조물들을 조심하도록 합니다.

흑마법사의 마법주문

백마법사를 잡은 후에 흑마법사는 다음의 마법 주문을 외우면서 마법 동작을 합니다.
한 손을 뻗어 백마법사를 가리키며 '임페디멘타'(상대를 정지시키는 마법)
다른 손은 아래에서 위로 들어 올리면서 '윙가르디움 레비오우사'(공중에 뜨게 하는 마법)
장풍을 쏘듯 손바닥을 상대를 향해 뻗으며 '리덱토'(공격하여 날려버리는 마법)
이때 백마법사는 마법 공격을 당하는 연기를 해야 합니다.

백마법사의 마법주문

백마법사가 깡통을 차면서 '익스펙토 페트로늄'(디멘터를 무찌르는 마법)을 외치면 흑마법사들은 신음소리를 내며 움직이지 못합니다. 괴마법사 한 명만 깡통을 주우러 갈 수 있습니다.
아줌마반 감옥에 갇혀 있는 친구들을 향해 '매지쿠스 익스트리모스'(여러 사람의 마법력을 향상시키는 마법)을 외치면 그들도 '매지쿠스 익스트리모스"를 외친 후 마법력 강화를 느끼면서 아줌마반 감옥 밖으로 도망갈 수 있습니다.

Work Book

32 악마와 퇴마사

놀이터에서 하는 술래잡기에 악마와 퇴마사의 이야기를 더했습니다. 어느 마을에 몇 사람이 아주 무서운 악령이 들게 되며 악마가 됩니다. 그들은 너무나 강력해서 낮에도 돌아다니며 사람들을 잡아갑니다. 그들은 성당(놀이시설)에는 들어올 수 없지만 성당에 숨어있더라도 악마는 손을 뻗어서 잡아가기도 합니다. 더 문제는 밤이 되면… 그 악마들은 성당(놀이시설)으로 들어와서 사람을 잡아가기도 합니다. 2일이 지나면 퇴마사가 나타나 악령을 쫓아내고 악마의 감옥에 갖힌 사람들을 구하러 옵니다.

놀이계획

준비물 | 학교 놀이터

인원 | 20~30명 (놀이 시설의 크기에 따라 다름30명이 넘으면 비좁게 느껴짐)

놀이장 | 놀이터와 주변 (**악마의 감옥** : 반경 2m 정도의 원)

소요시간 | 게임당 10분 안팎 (학생 수와 경기장 크기에 따라 달라짐)

악마의 시간

01 술래를 5명 안팎으로 뽑아 악마가 된다.(놀이를 해보면 신체운동 능력에 따라 더 뽑거나 덜 뽑아야 할 수도 있다). 악마 역할을 맡은 아이들은 악마가 되는 연기를 한다.
(몸을 부르르 떨면서) "크아아아아~ 나는 악마다! 너희들을 다 잡아다 대마왕님께 바칠 것이다. 크하하하하~"

02 사람들 중 한 명이 다음과 같이 말한다.
"아무리 악마라 하더라도 성당에 피신한다면 우리를 잡아가지 못할 겁니다. 모두 성당으로 도망갑시다."
사람들은 성당으로 정해진 놀이시설 위로 올라간다.

03 악마(술래)들은 놀이기구에 올라갈 수 없지만 아래에서 손을 뻗어서 잡는다. 잡힌 아이는 안전하게 놀이시설에서 내려와서 손을 잡고 악마의 감옥으로 이동한다.

04 사람들은 성당(놀이기구)에서 내려와서 땅에서는 한 발로 뛰어 다닐 수 있으며 악마의 감옥에 잡혀간 친구를 구해낼 수 있다.

05 악마 편에서 몇 명은 감옥을 지켜야 한다. 친구를 구하러 갔다가 감옥을 지키는 귀신에게 잡히면 바로 감옥으로 들어간다. 사람은 성당(놀이시설) 밖에서는 한 발로 뛰어다니기 때문에 매우 불리하다.

06 선생님이 "어! 밤 12시가 되었네?"라고 말하면 그때는 밤의 기운이 가장 강력하기 때문에 그 힘을 받아서 악마들도 성당(놀이시설)에 올라갈 수 있다. 사람들은 성당(놀이시설)에서 내려와서 도망갈 수 있으나 땅에서는 한 발로 뛰어다녀야 한다.

07 선생님이 "꼬끼오~ 날이 밝았습니다."라고 말하면 악마들은 성당(놀이시설)에서 내려와서 땅에서 걸어다녀야 한다. 이때 성당(놀이시설)로 올라가는 사람을 잡을 수 없다.

퇴마사의 시간

08 놀이를 처음 시작할 때는 낮이며 밤이 한 번 왔고 날이 밝았으니 두 번째 날이다. 악마들에게는 두 번째 날 낮과 밤의 기회가 더 있다. 두 번째 날 아침이 되면 그때까지 살아남은 사람들이 퇴마사가 되어 악마들을 잡으러 다닌다.

09 퇴마사들은 놀이터 어느 곳이든 자유롭게 잡으러 다닐 수 있다.

10 악마를 모두 잡아서 감옥에 가두면 퇴마사들이 악마 감옥 주변에 서서 퇴마의식을 한다. 퇴마사들이 다음의 말을 하면 감옥에 갇혀 있던 사람들도 함께 이야기한다.
"마음에 깃든 어둠의 기운이 사라지고 밝고 따뜻하고 아름다운 사랑의 빛으로 감싸 주소서."

11 모두 다 사람으로 돌아오고 밝고 따뜻하고 아름다운 사랑의 느낌을 느끼면서 놀이를 마친다.

주의사항

- 놀이시설을 이용하기 때문에 위험할 수 있습니다. 놀이시설에서 지붕 위로 올라가기, 뛰어 다니기, 친구를 밀치기 등 위험한 행동은 금지합니다. 선생님께서 그냥 금지하는 것보다 어떤 위험이 있을 수 있는지 토의를 충분히 하고 지켜야 할 것들은 직접 말해보고 시작하는 것이 좋습니다.
- 놀이를 하기 전에 안전을 위한 토의와 다짐, 끝나고 나서 평가를 해야 함을 다시 한 번 더 강조합니다.

다른 귀신 놀이로 변형하기

드라큘라나 좀비와 같은 놀이로 변형해서 할 수도 있습니다.

Work Book

33

인디아나 존슨 대탈출

영화 〈인디아나 존스〉 이야기를 바탕으로 매트 운동, 뜀틀 운동, 멀리뛰기 따위를 종합하여 체육수업을 재미있게 만들었습니다. 유명한 고고학자이자 모험가들인 '인디아나 존슨 모험단'은 여행 중 사고로 어떤 섬의 식인 원주민들에게 잡혔습니다. 감시가 소홀한 틈을 타서 한 사람씩 탈출하게 되는데 그 섬에서 만나는 많은 장애들을 극복해야 탈출에 성공할 수 있습니다. 장애물은 학교 운동장에 설치되어 있는 다양한 놀이시설들과 매트, 뜀틀, 평균대 등의 기구들입니다. 이 놀이의 구성을 바탕으로 선생님의 학교 시설들을 자유롭게 활용할 수 있습니다.

준비물 | 학교 운동장의 다양한 놀이시설, 뜀틀, 평균대, 매트, 콘, 훌라후프 등

인원 | 한 반 30명 기준

놀이장 | 운동장 전체

01 고고학자이자 모험가들인 '인디아나 존슨 모험 단'은 어떤 섬을 조사하기 위해 그곳으로 들어갔다가 식인 원주민들에게 잡혀서 감옥(정글짐)에 갇히게 된다(모두 정글짐으로 올라간다).

02 선생님이 신호를 하면 두 사람씩 감옥(정글짐)을 탈출한다(정글짐에서 내려와서 장애물로 향한다). 두 사람이 서로 협동해서 탈출하는 것이 목적이다.

03 악어가 사는 강(멀리뛰기 장)에 도착했다. 악어에게 먹히지 않으려면 뛰어 넘어야 한다.(멀리뛰기 장에 뛰어넘을 거리를 표시해둔다. 이때 강의 폭을 좁은 곳에서 넓은 곳까지 차이를 두면 개인 실력에 따라 넘어가는 강을 선택할 수 있다).

04 낭떠러지 위의 나뭇가지(구름사다리)를 잡아서 건너야 한다(만약 건널 수 없는 친구가 있다면 밑에서 받쳐줘 협력해 넘는다).

05 거대한 나무들이 있는 숲(늘임봉)으로 들어섰다. 그 사이를 빨리 뛰어서 통과해야 한다(늘임봉 사이로 빨리 뛰어서 빠져나간다).

06 거대한 암벽(늑목)이 가로 막고 있다. 암벽을 타고 이동해야 한다.(늑목 첫 번째 줄에서 3~5칸 올라간 다음 옆으로 가서 늑목 마지막 칸에서 내려온다).

07 암벽에서 떨어졌다. 비탈길(매트)을 굴러서 통과해야 한다(매트에서 앞구르기나 뒤구르기를 해서 건넌다. 만약 배우지 않았다면 옆으로 굴러서 건널 수 있다).

08 뱀 소굴(접시 콘)을 아주 빠르게 통과해야 한다(바닥에 널브러진 접시 콘들 사이를 빠르게 뛰어서 건너가야 한다).

09 간신히 뱀 소굴을 통과하고 나니 절벽에 이르렀다. 외나무다리(평균대)를 건너서 반대편으로 가야 한다(평균대를 건널 때는 천천히 건넌다. 못 건너는 친구가 있으면 한 사람은 아래서 손을 잡고 건너도 좋다).

10 외나무다리를 지나니 그곳에 맹수가 살고 있다. 그런데 앞에 많은 장애물(허들)들이 놓여 있다. 뛰어넘어 도망가야 한다(달리면서 허들을 뛰어 넘어야 한다).

11 드디어 가장 어려운 곳 미궁(달팽이)에 도착했다. 이곳에는 전설의 괴물 미노타우르스가

살고 있다. 둘이 함께 미궁으로 들어가라. 미궁 속에는 미노타우르스가 기다리고 있으니 싸워서 이겨야 한다. 만약 지면 미궁에 갇히게 되고 다음에 오는 사람들이 구해줄 때까지 미궁에 갇혀서 기다려야 한다(두 사람이 달팽이 안으로 들어가서 미노타우르스와 가위 바위 보를 한다. 미노타우르스는 워낙 강하기 때문에 목숨이 5번, 사람은 각 1번으로 두 사람은 두 목숨이다. 즉 두 사람이 미노타우르스를 다섯 번을 이기면 무찌르고 통과할 수 있다. 만약 이전에 잡혀있는 사람들이 있다면 모두 구출해서 데리고 나갈 수 있으며 그 둘은 영웅이 된다. 미노타우르는 체력을 회복해서 다음 사람을 맞이한다).

12 마지막으로 바닷가에 도착했고 그들이 타고 왔던 배에 올라타고 탈출에 성공한다(뜀틀을 뛰어넘으면 배에 탄 것이다. 그늘에 가서 쉬면서 다른 친구들의 탈출을 감상한다).

주의사항

- 놀이기구를 통과할 때 성급하게 하다보면 위험할 수 있기 때문에, 빨리 가는 것보다 안전하고 정확하게 통과하는 것이 중요함을 계속 알려주어야 합니다. 학생들이 직접 말로 할 수 있도록 하면 더욱 좋습니다.
  "인디아나 존슨 대탈출에서 중요한 것은 속도가 아니라 무엇이죠?"
  "서로 협동하고 안전하게 탈출하는 거요!"
- 빨리 통과하는 것보다 정확하고 안전한 동작, 협동하는 사람들을 칭찬해주면 좋습니다.

인디아나 존스 동영상 보여주기

인디아나 존스가 누구인지 모르는 학생들도 많을 것입니다. 인터넷에서 인디아나 존스의 모험이 담겨있는 2~5분 정도의 동영상을 찾아서 보여주고 나서 놀이 설명을 하면 더욱 재미있습니다.

인디아나 존스 주제가 따라 부르기

인디아나 존스의 주제가 '딴따단따아안 딴따다안~'를 함께 듣고 부르면서 놀이를 시작하면 더욱 재미있습니다.

학교의 놀이 시설과 운동 기구 등을 자유롭게 활용하기

위에 소개된 것들은 하나의 예일 뿐입니다. 선생님의 학교 상황에 맞게 활용하시면 됩니다. 간단하게 하려면 운동장에 있는 체육 시설들만을 이용해도 되고 다양하게 하려면 다른 기구를 활용하거나 줄넘기 넘기 등 활동들을 포함시키면 됩니다. 그냥 하는 것보다는 모험 이야기를 더해서 설명하고 상상하면서 해보면 더욱 더 재미있습니다.

Work Book

34

석기시대 술래잡기

체육 수업을 시작할 때, 아이들이 실컷 뛸 수 있도록 술래잡기를 하곤 합니다. 학급을 두 편으로 나누어서 한 편이 도망가고 다른 팀은 잡아서 우리에 가두는 경찰과 도둑 술래잡기를 하다가 사회 시간에 선사시대를 공부하고 선사시대 상황에 응용해보았습니다. 동물편은 도망가고, 인간편은 동물을 사냥하여 우리에 가두는 놀이입니다. 이어지는 다른 놀이들에 비하면 아주 간단한 놀이입니다.

놀이계획

준비물	없음(또는 콘)
인원	20~30명, 학급 전체 두 편
놀이장	운동장의 절반
소요시간	게임당 5분 안팎

01 학급을 동물과 인간 두 편으로 나눈다.

02 인간들은 마을의 우리(축구 골대)에 모여 있고 동물들은 숲(경기장)에 흩어진다.

03 동물들은 말을 할 수 없고 자신이 선택한 동물의 소리를 내면서 도망다니고 인간들도 원시인 수준의 간단한 의사소통만 할 수 있다. (예 : 우가 우가 저기 동물~ 우가 우가 우리 잡자)

04 인간의 손이 동물의 몸에 닿으면 동물은 움직일 수 없다. 이때 인간은 동물의 손을 잡고 데려와서 우리에 넣어야 한다. 만약 인간이 동물을 잡은 후 데려가지 않으면 동물 울음소리를 내면서 앉았다 일어서기를 다섯 번 반복하고 나면 다시 도망갈 수 있다. 그러므로 꼭 손을 잡아 데려와서 우리에 넣어야 한다.

05 동물은 우리에 갇혀 있는 동물들을 쳐주면 살아날 수 있다.

06 인간이 동물들을 모두 다 잡아서 우리에 넣거나 제한시간(5분 안팎)이 되면 놀이가 끝난다.

07 역할을 바꾸거나 편을 재구성하여 다음 놀이를 할 수 있다.

주의사항

- 축구골대 옆이나 뒤로 가서 동물을 구해줄 수는 없습니다. 골대 앞쪽에서만 동물을 구할 수 있습니다.
- 간혹 인간이 동물 우리에 숨어 있다가 구하러 온 동물을 잡는 경우도 있었습니다. 인간은 동물 우리에 들어가지 않습니다.

여자 편과 남자 편으로 나누기

편을 남과 여로 나눌 수도 있습니다. 동물은 전력으로 도망가야 하는데 비해 인간은 힘들면 쉴 수 있기 때문에 인간이 체력적으로 유리합니다. 첫 놀이를 남자들이 동물, 여자들 인간을 하게 되면 첫 놀이를 하는 동안 남자들이 전력으로 도망 다니느라 체력이 소모됩니다. 특히 남자 아이들 중 달리기를 가장 잘 하는 아이가 마지막까지 살아남는 경향이 있는데 그 과정에서 체력이 많이 소모됩니다. 그래서 두 번째 놀이에서 여자들이 좀 더 편안하게 도망 다닐 수 있습니다.

미술시간에 도구를 만들어서 놀기

역사 시간에 구석기, 신석기, 청동기시대를 공부하면서 그들의 의상과 도구를 공부하고 미술 시간에 신문지로 선사시대 도구를 만들고 보자기를 의상으로 이용하는 등 소품을 활용하면 더욱 재미있습니다.

35 청동기시대 술래잡기

청동기시대 사람들이 되어 숲속의 동물을 잡는 술래잡기 놀이입니다. 상당히 많은 동물들이 사람보다 강합니다. 맨 몸으로 혼자서 동물을 사냥한다는 것은 대단히 어려운 일일뿐더러 위험한 일이기도 합니다. 이를 놀이에 반영하기 위해 카드를 이용하였습니다. 카드를 이용하여 역할과 전투력을 정한 다음 사냥하러 나가고, 동물들도 각자 자신의 전투력이 있어서 사람들과 싸울 수 있는 힘이 있습니다. 마을 사람들이 숲속 동물을 잡기 위해서는 서로 힘을 합치고 전략을 짜며, 동물들 또한 정해진 시간에 모두 잡히지 않기 위해서는 도망을 가거나 멈추거나(얼음) 마을 우리에 갇힌 동물을 탈출시키기 위해 전략을 짜는 등 모둠이 서로 힘을 합쳐 함께 술래잡기를 하는 기본적인 RPG 놀이입니다.
저학년의 경우는 '숲속 동물 사냥'으로 하지만, 역사를 공부한 고학년의 경우 '청동기시대 술래잡기'라 부르며 놀이를 할 수 있습니다. 고학년은 도구와 규칙이 보다 복잡한 철기시대 술래잡기를 할 수 있습니다.

준비물	역할 카드 세트, 라인기(물뿌리개)
인원	학급 전체(16~40)
대형	2개의 모둠
소요시간	10분

01 **학급 전체를 사람 편과 동물 편으로 나눈다.**

"지금부터 우리는 청동기 시대의 숲속 동물과 숲속 근처에 사는 마을 사람이 됩니다. 오늘은 마을에 중요한 잔치가 있다고 합니다. 그래서 마을 사람들이 동물을 잡기 위해 함께 사냥을 떠난다고 합니다. 이제 마을 사람들과 동물 무리로 편을 가르도록 하겠습니다."

02 **사람은 역할 카드와 무기 카드를 각각 1장씩 뽑는다. 2개의 카드를 합친 것이 자기 전투력이 된다(카드는 뒤에 참고).**

"먼저 마을 사람들의 전투력을 결정하도록 하겠습니다. 차례로 나와 사람 역할 카드를 뽑도록 합니다. 이어서 무기 카드도 뽑도록 합니다. 만약 사람 역할 카드로 '사냥꾼 5', 무기 카드로 '돌화살 3'을 뽑으면 그 사람의 전투력은 '8'이 됩니다. 사람의 경우에는 '구급차'라는 특수카드가 있지만 이것은 나중에 설명하겠습니다. 단, 모든 사람들은 마을 안에서는 전투력에 상관없이 모든 동물을 이길 수 있습니다."

03 **동물은 동물 역할 카드만 뽑고, 그것이 자기 전투력이 된다.**

"이번에는 동물들이 나와서 동물 역할 카드를 뽑도록 합니다. 동물은 사람보다 힘이 세고 빠르기 때문에 무기가 없습니다. 따라서 '사자 9'를 뽑으면 그 동물의 전투력은 '9'가 됩니다. 동물들의 경우에는 다양한 특수카드가 있는데, 이 역시 나중에 설명하겠습니다."

04 **시작 신호와 함께 사람은 동물을 쫓아가서 동물을 채거나 반대로 동물은 사람을 공격해서 손으로 채면 서로 카드를 보여 주고, 전투력에 따라서 사람이 동물을 우리에 가두거나 사람이 동물에게 상처를 입고 그 자리에 앉도록 한다.**

"놀이가 시작되면 사람들은 동물을 잡으러 갑니다. 그러나 때로는 동물에게 공격을 당할 수 있기 때문에 조심합니다. 사람이 동물을 채거나 반대로 동물이 사람을 채면 서로 전투력 카드를 보여주도록 합니다. 만약 사람 전투력이 '9'(사냥꾼 5 + 청동검 4 = 전투력 9)이고, 동물 전투력이 '6'(여우 6)이면 사람이 전투력이 높기 때문에 동물 손을 잡고 우리에 가두도록 합니다. 그리고 다시 사람은 동물을 잡으러 갑니다.

그런데 사람의 전투력이 '6'이고 동물이 전투력이 '8'이면 동물 전투력이 높기 때문에 사람은 동물에게 상처를 입게 되고 그 자리에 앉아서 더 이상 놀이를 할 수 없게 됩니다.

단, 이때 소리를 치면서 "살려줘"를 외치면서 손을 흔들면 마을에 있던 "주술사(구급차)"가 와서 구해줄 수 있습니다. 주술사(구급차)에 대한 이야기는 잠시 후에 특수 카드를 설명하면서 자세하게 이야기해 주겠습니다.
만약 전투력이 동물과 사람이 같다면, 가위바위보로 승부를 결정하도록 합니다."

05 **사람은 합체를 할 수 있지만 동물은 합체를 할 수 없다.**

"그런데 여러분의 카드를 보게 되면 사람은 무기를 합쳐도 동물들을 쉽게 이기 못합니다. 왜냐하면 사람은 동물보다 달리기도 느리고 힘도 약하기 때문입니다. 그래서 사람들은 옛날부터 혼자 사냥하지 않고 함께 사냥을 했습니다. 따라서 사람 편들은 서로 손을 잡고 함께 동물을 잡으러 갈 수 있습니다. 만약 전투력이 5인 사람과 전투력이 7인 사람이 손을 잡아 합체를 하면 전투력은 12가 됩니다. 이렇게 되면 웬만한 동물은 다 잡을 수 있습니다. 다만 2명이 손을 잡으면 달리는 속도가 줄기 때문에 동물을 잡기는 어려워집니다. 그리고 둘이서 손을 놓치는 순간 다시 각자 전투력이 5인 사람과 7인 사람이 됩니다. 물론 언제든지 다시 합체 할 수 있고 여러 명이 함께 합체할 수도 있습니다.
그렇지만 동물은 절대로 합체할 수 없습니다. 다만 무리를 지어 살아가며 사냥하는 '늑대'만 다른 동물 1마리와 합체할 수 있습니다. 늑대는 다른 동물 1마리와 합체할 수 있을 뿐 2, 3마리와 합체 할 수는 없습니다."

06 **우리에 갇힌 동물은 다른 동물이 우리를 뚫고 들어와 손을 쳐주면 살아날 수 있다. 단 우리에 동물이 3마리가 있더라도 1마리씩만 탈출할 수 있다.**

"사람이 합체를 하게 되면 동물은 자주 잡혀 우리에 계속 갇히게 됩니다. 이렇게 되면 동물이 불리 할 수 있기 때문에 대신 동물은 '탈출'이라는 방법이 있습니다.
잡히지 않은 동물이 사람들을 피해 우리 속에 들어가서 동물을 탈출 시킬 수 있습니다. 그렇지만 반드시 우리 속에 들어갔을 때 1명만 탈출 시킬 수 있습니다.
또한 탈출을 시켰을 때는 탈출 시킨 동물과 탈출을 하게 된 동물은 마을을 벗어나서 10초가 지날 때까지 사람들의 공격을 받지 않습니다. 즉 사람들이 이 동물들은 10초 동안 공격할 수 없는 것입니다.
다만 탈출하러 마을에 들어간 동물이 마을 안에서 사람에게 채이면 전투력에 상관없이 우리에 갇히게 됩니다. 따라서 마을에 있는 사람들을 피해서 우리까지 들어가야 합니다.
이때 마을을 지키는 사람들은 우리 안에 들어갈 수 없습니다. 따라서 마을 안과 우리 밖에서 동물들이 탈출하지 못하도록 지켜야 합니다."

07 특수 카드를 설명한다.

주술사 (저학년은 구급차)	**주술사는 치료의 기능을 가진 특수카드다.** 사람 카드이고, 무기가 있어도 전투력은 무조건 0이다. 동물들에게 상처를 입고 쪼그리고 앉아서 "살려줘"를 외치는 사람들을 치료해 줄 수 있다. 상처를 입은 사람을 발견하면 "나는 주술사다"를 외치면서 달려가서 상처 입은 사람의 손을 잡고 마을 안으로 데려온다. "괜찮니?"를 3번 물어보고, 상처 입은 사람이 "응"을 3번 외치면 상처 입은 사람은 다시 마을 밖으로 나가 동물을 잡을 수 있다. 어떤 동물들에게도 공격을 당하지 않으며, 다른 동물을 잡을 수도 없다. 단, 마을 안에서는 동물을 잡을 수 있다. 따라서 다른 사람을 구하러 갈 때도 안전하다. 다만 "나는 주술사다"를 꼭 외쳐야한다(구급사의 경우 "삐뽀삐뽀"). 그렇지 않을 때 동물에게 공격을 당하면 얼음 30초가 된다. 주술사는 전투력이 무조건 '0'이기 때문에 자기 무기카드를 다른 사람에게 줄 수 있다. 단, 주술사에게 무기를 받은 사람은 자신의 무기카드와 주술사의 무기 카드 중 1개만 선택하여 사용 할 수 있다.
늑대 3 〈합체〉	**늑대는 합체 기능을 가진 특수카드다.** 늑대는 동물 중에서 유일하게 합체를 할 수 있다. 전투력이 3이지만 전투력이 10인 동물과 합체를 하면 둘이서 13이 된다. 단, 사람과 달리 딱 1마리의 동물하고만 합체를 할 수 있다.
얼음토끼 5 〈얼음, 땡〉	**얼음 토끼는 얼음 기능을 가진 특수카드다.** 전투력이 낮은 얼음토끼는 도망가다 잡힐 것 같으면 "얼음"을 외치고 그 자리에 멈출 수 있다. 이때 사람들은 더 이상 얼음토끼를 잡을 수 없게 된다. "땡" 기능이 있는 다른 동물이 "땡"을 해주면 다시 살아나서 움직일 수 있다. 그리고 다른 얼음토끼가 "얼음"을 했을 경우에도 "땡"을 해줄 수 있다. 만약 동물들이 땡을 하지 못하고 모두 우리에 갇히면 얼음 토끼도 자동으로 우리에 잡혀 들어가서 놀이가 끝나게 된다.
여우 6 〈땡, 탈출1회〉	**여우는 땡과 탈출 1회 기능을 가진 특수카드다.** 전투력이 높지 않은 여우는 얼음 토끼에게 "땡"을 해줄 수 있고, 잡혔을 경우 우리에 들어 간 뒤, 마을 사람들에게 여우 카드를 보여주면서 우리를 탈출할 수 있다. 이때, 다른 동물 1마리도 함께 데리고 나올 수 있다.
독수리, 곰 7 〈땡〉	**독수리와 곰은 땡 기능을 가진 특수카드다.** 독수리와 곰은 각각 얼음 토끼에게 "땡"을 해줄 수 있다.

08 **놀이의 승리 조건은 10분이다.**

"10분 안에 마을 사람들이 동물을 모두 잡으면 마을 사람 편이 이기고, 동물을 모두 잡지 못하면 동물 편이 이기게 됩니다."

09 **놀이를 실제 시작하다가 멈추고 다시 시작한다.**

"그러면 지금부터 실제로 하도록 하겠습니다. 먼저 동물들은 숲속으로 모두 도망을 갑니다. 10초를 세고 마을 사람들은 동물을 잡으러 가도록 합니다.

(3분 정도 경과 후) 잠시 모두 선생님께 모이도록 합니다. 여러 분이 중요한 것을 잘 모르는 것 같아서 도움을 주려고 합니다. 이 놀이를 하려면 전략을 잘 짜고 서로 협력해야 합니다.

먼저 마을 사람들은 무조건 나가거나 혼자 잡으러 가면 동물을 정해진 시간에 잡기 어렵습니다. 마을 사람들이 모두 나가면 동물들은 쉽게 탈출 할 수 있습니다. '구급차' 혼자서 동물을 막기는 어렵게 때문에 전투력이 낮은 사람들 2~3명 정도가 구급차를 도와서 마을을 지키는 것이 좋습니다.

그리고 혼자서 동물을 잡으러 가면 사람은 전투력이 낮기 때문에 자주 상처를 입고 자리에 앉게 되고, 구급차가 도우러 오게 됩니다. 그러면 마을을 지키는 사람이 적어져서 다른 동물들이 다시 탈출하기 쉬워집니다.

동물들 또한 무조건 도망을 가면 모두가 쉽게 잡힙니다. 기회를 보면서 전투력이 낮은 사람을 공격하거나 순간 합체했던 사람의 손이 끊기는 것을 노려 공격하도록 합니다. 사람들이 많이 쪼그리고 앉아 있을수록 동물들은 안전하기 때문입니다.

또한 동물들은 우리에 잡힌 동물들을 구하려고 노력해야 10분 동안 살아남을 수 있습니다. 탈출하는 것을 돕지 않고 혼자만 도망 다니다 보면 나중에는 사람들에게 에워싸여 잡힙니다.

이제, 선생님이 도움을 주었으니 동물과 사람이 다시 모여서 전략을 짜고 다시 놀이를 시작하겠습니다. 놀이는 우리에 갇힌 동물들도 모두 풀어주고 다시 시작합니다. 단, 카드는 다시 뽑지 않습니다."

주의사항

- 뽑은 카드를 친구들과 바꿀 수 없도록 합니다(가장 중요한 규칙입니다).
- 10분 활동 후 반드시 3분 이상 쉬고, 역할을 바꾸어서 하도록 합니다.
- 동물들이 사람들처럼 처음에 합체하는 경우가 많으니 이 규칙을 강조하도록 합니다.
- 사람에게 잡혔다고 말하면서 속임수로 우리에 들어오는 동물들이 없도록 합니다.
- 우리 뒤쪽, 즉 축구 골대 뒤에서 탈출을 시키거나 탈출하지 않도록 합니다.

체육관에서 하기

체육관에서 할 때는 체육관에 그려진 농구코트를 이용하여 우리와 마을을 만듭니다. 숲은 체육관 전체가 됩니다. 이때 체육관에 있는 놀이 기구나 시설에는 접근하지 않도록 합니다. 또한 동물 우리 뒤 쪽은 "늪"으로 해서 동물이 가면 무조건 잡혀서 우리에 가둘 수 있도록 합니다. 따라서 사람들을 동물을 늪 쪽으로 몰아가는 전략을 짜도 됩니다.

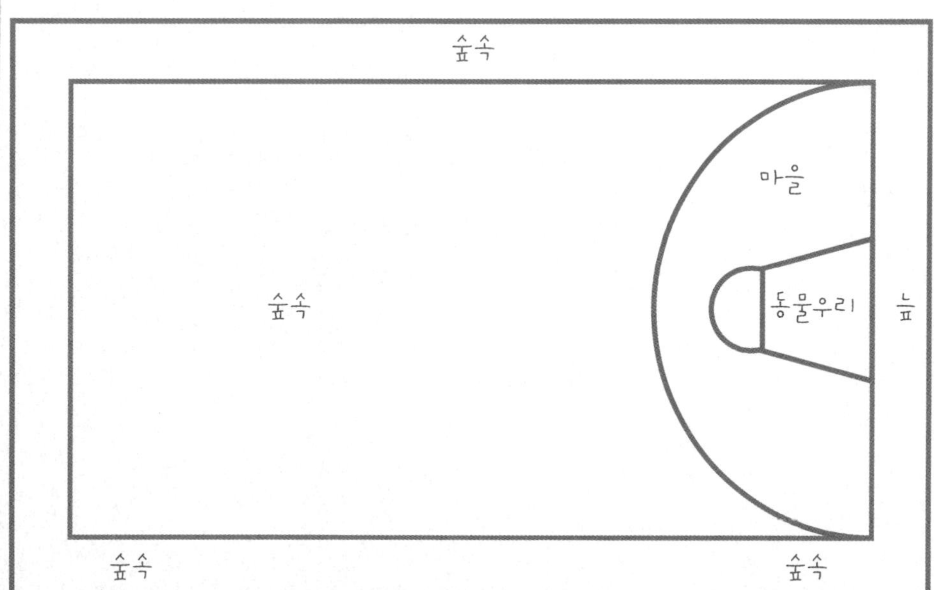

숫자카드 활용하기

저학년의 경우 수학시간에 사용하는 0부터 10까지의 숫자카드를 가지고 놀이할 때 카드로 활용하면 더 쉽습니다. 그 숫자 위에 동물 이름이나 사람을 적으면 됩니다.

전투력 카드 수 조절하기

소개되는 전투력 카드는 한 편이 10명일 때를 기준으로 한 것입니다. 만약 전체 인원이 30여명 정도라면 동물이나 사람 모두 중간 수준의 전투력이 더 증가 될 수 있도록 하는 것이 좋습니다. 다만 동물의 경우는 '얼음 토끼'를 많이 하는 것이 놀이가 더 재미있고 활발하게 이루어집니다. 마찬가지로 한 편이 10명보다 적을 때도 중간 수준의 전투력 카드를 줄이되 동물의 경우는 높은 전투력 카드도 함께 줄여 주는 것이 좋습니다.

Work Book

*아래 놀이 카드는 즐거운 학교 홈페이지 자료실에서 다운로드 받아서 사용할 수 있습니다.

사람 전투력 카드(한 편 10명 기준)

0 구급차	0 주술사
1 어린이	1 아기
	2 청소년
2 80세노인	2 임산부
3 청년	3 어른
4 농부	5 사냥꾼

무기 전투력 카드(한 편 10명 기준)

1 돌멩이	1 새총
1 돌팔매질	2 나무 창
2 돌창	2 돌도끼
3 돌화살	3 나무 화살
4 청동검	4 청동거울

동물 전투력 카드(한 편 10명 기준)

3 늑대〈합체〉	5 얼음토끼〈얼음, 땡〉
5 얼음토끼〈얼음, 땡〉	6 여우〈땡, 탈출1회〉
7 독수리〈땡〉	7 곰〈땡〉
8 코끼리	8 하마
9 사자	10 호랑이

36

철기시대 술래잡기

석기시대 술래잡기에서 카드를 활용하여 역할을 나누고 무기를 사용하는 철기시대 술래잡기로 발전시켰습니다. 이 놀이를 조금 더 단순화하여 저학년도 할 수 있도록 한 놀이가 35번의 청동기시대 술래잡기입니다. 철기시대 술래잡기는 규칙이 보다 구조적이기 때문에 놀이를 하면서 전략이 정교해지고 더욱 더 재미있어집니다.

준비물	역할, 무기 카드, 조끼, 라인기
인원	30명 안팎
대형	운동장의 절반 크기
	(아이들의 연령과 수, 놀이 시간 등을 고려하여 더 늘리거나 줄일 수 있다)
소요시간	10분 안팎

01 놀이 설명하기

"철기시대 술래잡기에는 카드를 이용하여 사람과 동물로 역할을 나누어서 사람들이 동물들을 사냥하는 놀이입니다. 카드에는 크게 역할 카드와 무기 카드가 있습니다. 여러분들 모두가 역할 카드를 뽑으면 거기에 자신의 곰, 호랑이와 같은 동물인지 전사, 주술사, 부족장과 같은 사람인지, 그리고 전투력은 얼마인지 적혀 있습니다. 당연히 동물의 전투력이 더 높습니다. 그래서 사람들은 무기 카드를 뽑게 되는데 자신이 뽑은 무기의 전투력과 본래 전투력을 더하면 자신의 실제 전투력이 됩니다. 사람이 동물을 잡거나 동물이 사람을 잡았을 때 서로의 전투력을 확인해서 사람이 이기면 동물을 잡아오고 동물이 이기면 사람은 그 자리에 앉아야 합니다. 역할 카드를 설명하겠습니다(역할 카드 내용을 설명). 다음은 인간만 사용할 수 있는 무기 카드를 설명하겠습니다(무기 카드 내용 설명)."

02 역할 정하기

가. 탄생의 시간

"여러분들은 지금 하늘나라에 있습니다. 이제 곧 세상에 태어나게 될 것입니다. 사람으로 태어날지 동물로 태어날지는 여러분들이 뽑는 카드에 적혀 있습니다. (카드를 하나씩 땅에 내려놓고) 카드를 하나씩 뽑아서 들고 있어요. 제가 카드를 확인하라고 이야기하면 그때 카드를 보고 자신이 무엇으로 태어나는지 확인하세요. (카드를 모두 갖게 되면) 자, 확인해보세요.

나. 사람과 동물로 나누기

"동물들은 동물의 울음소리를 내면서 숲 속으로 도망갑니다. 그리고 사람들은 마을로 모여서 옷(조끼)를 입어주세요. 그리고 서로 자신의 역할이 무엇인지 확인하세요. 절대로 자신의 역할 카드를 다른 사람의 것과 바꿀 수 없습니다."

다. 무기 만들기

"사람들은 동물들에 비하면 약하지만 무기를 만들 수 있습니다. 여러분들은 대장간에 가서 무기 카드를 하나씩 뽑으세요(진행자가 나눠주거나 마을의 구석을 대장간이라 정하고 무기 카드를 놓아둔다). 역할 카드의 전투력과 무기 카드의 전투력을 합하면 자신의 실제 전투력이 됩니다. 역할 카드와 마찬가지로 한 번 뽑은 무기 카드는 다른 사람과 절대 바꿀 수 없습니다."

라. 전략 회의

"부족장은 사람들을 모아서 1분~2분 동안 전략 회의를 진행해주세요. 동물들도 회의를 해도 좋습니다."

03 동물 사냥하기

가. 사냥방법

"동물 사냥은 다음과 같이 이루어집니다.

첫째, 동물들은 도망가고 사람들은 쫓아가서 잡습니다.

둘째, 사람이나 동물의 몸이 서로 닿으면 카드를 확인합니다.

셋째, 사람의 전투력이 더 높으면 '사냥 성공!'을 외치고 마을로 데려가 우리에 넣습니다. 반드시 동물의 손을 잡고 직접 데려가야 합니다.

넷째, 동물의 전투력이 높으면 동물은 크게 울부짖고 사람은 부상을 당해 비명을 지르며 자리에 앉습니다.

다섯째, 사람과 동물의 전투력이 같으면 가위바위보로 승부를 냅니다."

나. 부대 만들기

"사람들은 부대를 만들 수 있습니다. 부대원의 수는 제한하지 않으며 부대원의 모든 전투력을 합쳐 그 부대의 전투력이 됩니다.

동물들은 부대를 만들 수 없으나 무리를 지어 사냥하는 늑대는 다른 동물과 함께 부대를 만들 수 있습니다."

다. 주술사와 치유

"주술사는 사냥을 하다가 동물에게 당해서 부상을 입고 쓰러진 사람들을 구해야 합니다. 동물들을 피해서 부상당한 사람의 손을 잡고 마을의 치료소로 데려옵니다.

구하러 가는 동안 동물의 공격을 받을 수 있으므로 조심해야 하며 부상자를 구해올 때는 동물의 공격을 받지 않습니다.

치료소에서 부상당한 사람은 자리에 앉아 있고 주술사는 간단한 춤을 추면서 '천지신명이시여 이 상처입은 불쌍한 인간을 치유하소서~'를 3번 외치면서 간단한 춤을 추면 부상당한 사람은 회복됩니다. 그러면 부상당했던 사람은 회복되어 주술사에게 감사를 표현하고 다시 사냥터로 나갈 수 있습니다.

만약 주술사가 동물의 공격을 받아 부상을 입어 자리에 앉아 있으면 다른 사람이 구해올 수 있습니다. 주술사는 치료소에 앉아 있고, 구해 온 사람이 '천지신명님 주술사님을 치유해주십시오'를 3번 외치면서 간단한 춤을 추면 주술사는 회복됩니다."

라. 마을을 습격하여 동물 친구 구하기

"동물들은 인간들의 마을에 가서 우리에 갇혀있는 다른 동물의 몸에 손을 대어 구출할 수 있습니다. 하지만 마을 안에서는 사람들은 자신의 전투력과 상관없이 모든 동물을 이길 수 있습니다. 마을 밖에서 아무리 강한 동물이라 하더라도 마을 안에서 잡히면 무조건 우리로 잡혀가니 조심해야 합니다. 이때 사람이 우리 안에 들어가서 숨어 있다가 구하러 오는 동물을 잡을 수는 없습니다."

04 승리 조건

"승리 조건은 다음의 세 가지입니다.

첫째, 제한 시간 이내에 인간이 모든 동물을 잡아서 우리에 넣으면 인간이 승리합니다.

둘째, 제한 시간 넘도록 동물들이 살아남으면 동물 승리합니다(제한 시간은 조정 가능하다).

셋째, 인간이 모두 부상을 당하면 동물이 승리합니다."

주의사항

- 놀이를 하다보면 지나치게 욕심을 부리거나 자기만 재미있으려고 하는 아이들이 있을 수 있습니다. 시작하기 전 놀이의 목적은 모두가 즐거운 것이며, 이를 위해 놀이의 규칙을 지켜야 하며(책임) 다른 사람에게 함부로 대하지 않고 친절하게 대해야 한다(존중)는 것을 분명히 알려줍니다.
- 술래잡기를 하다보면 빠르게 달리기 때문에 운동장 주변의 놀이기구로 가지 않는 것이 안전합니다.
- 운동을 잘 하는 아이가 전투력이 낮은 카드를 뽑았을 때 다른 아이와 바꾸려고 할 수 있습니다. 이것은 절대로 금지합니다. 전투력이 낮으면 낮은 대로 살아남을 수 있는 전략을 찾도록 격려합니다.

소품 만들어서 활용하기

사람들의 마을을 꾸미거나 요술풍선을 무기로 이용할 수 있습니다.

수업을 마치고 글쓰기

수업을 마친 후 선사시대의 사람이나 동물이 되어 일기나 소설을 써보도록 합니다. 어떤 일을 경험하였는지, 어떤 생각을 했고, 어떤 감정을 느꼈으며, 앞으로 어떤 것들을 하고 싶은지 쓰도록 합니다. 참고할 만한 글들을 읽어주거나 발표하도록 하면 글쓰기 실력 향상에 도움이 됩니다.

학급회의를 통해 놀이 발전시키기

석기시대 술래잡기를 실시한 후 질문과 답변을 통해 놀이를 만들어갈 수 있습니다. 실제로 이 놀이는 아래와 같은 과정을 통해서 만들어졌습었다.

❶ 보통 인간 한 사람이 동물을 사냥하는 것이 가능할까? (실제 상황에서는 인간보다 강력한 동물들이 많아서 사냥을 하는 것은 어려운 일임을 알게 한다)

❷ 어떻게 하면 이런 현실을 반영해서 게임을 할 수 있을까? (역할과 전투력이 적힌 카드를 뽑아서 현실을 반영하는 것을 소개한다. 만약 학급에서 다른 의견이 나오고 놀이를 할 수 있을 정도로 타당하다면 그것을 이용해서 놀이를 구조화하는 것도 가능하다)

❸ 실제 전투력이 약한 인간이 동물을 사냥하기 위해 무엇을 개발하였을까? (무기와 협동 전술을 개발하였음을 알 수 있도록 한다)

❹ 인간이 만든 무기들은 어떤 공통점과 차이점이 있는가? (시대에 따라 만든 재료에 따라 단단함과 예리함에 차이가 있고 그것이 무기의 공격력을 결정함을 알 수 있도록 한다)

❺ 이와 같은 질문과 답변을 통해 역사 공부를 하면서 그 내용을 카드에 반영하여 놀이를 한다.

카드는 만들기

❶ **일회용 카드** A4 용지에 출력하여 사용하고 버릴 수 있습니다.

❷ **하드보드지를 활용한 카드** 카드를 출력하여 하드보드지에 붙여서 계속 사용할 수 있습니다.

❸ **코팅한 카드** 그림을 넣어 좀 더 예쁘게 만든 카드를 주민등록증용 코팅지를 이용하여 코팅하여 사용합니다.

❹ **이름표 카드** 목에 거는 이름표에 카드를 넣어서 사용할 수 있습니다.

Work Book

*아래 놀이 카드는 즐거운 학교 홈페이지 자료실에서 다운로드 받아서 사용할 수 있습니다. ●사람역할 16종 ●동물역할 16종 ●무기 16종

주술사(메딕) **전투력 1** **치료능력 10** 부상당한 사람을 치료소로 데리고 걸어와서 치료할 수 있다. 자신이 부상당하면 다른 사람이 치료서로 데려가야 한다.	폭풍비만 토끼 **전투력 0** 무게가 너무 무거워서 업어서 우리로 데려가야 한다. 업어가지 않으면 '나 도망간다~'를 2번 외친 후에 도망갈 수 있다.	나무로 만든 몽둥이 **공격력 + 1** 그냥 눈물만 나올 뿐… T.T 그래도 힘내자! 아자!
하급 전사 A **전투력 2** **특기** 비파형 동검의 달인 비파형 동검을 얻으면 공격력 +3	썩은똥냄새 스컹크 **전투력 0** '스컹크 방구!'를 외치면 사람은 제자리에서 큰 소리로 '아이고 똥냄새야!'를 2번 외쳐야 하고 그 사이에 도망갈 수 있다. 공격당한 사람이 비명을 외친 다음에 다음 방구 공격을 할 수 있다(그 사이에 잡히면…).	돌도끼(뗀석기) **공격력 + 2** 나무 몽둥이보다야 낫지만… 역시나 눈물만 나올 뿐 T.T 그래도 힘내자! 아자!
하급 전사 B **전투력 2** **특기** 고래잡이 창의 달인 고래잡이 창을 얻으면 귀여운 늑대를 제외한 모든 동물에게 공격력 +10으로 사용가능하다.	완전 빠른 사슴 **전투력 2** 아주 빨리 달려서 도망갈 수 있다. 부족장, 헤라클레스와 친하기 때문에 이 둘에게 잡히면 악수로 인사하고 다시 도망간다.	돌도끼(뗀석기) **공격력 + 2** 나무 몽둥이보다야 낫지만… 역시나 눈물만 나올 뿐 T.T 그래도 힘내자! 아자!
하급 전사 C **전투력 2** **특기** 고래잡이 창의 달인 고래잡이 창을 얻으면 귀여운 늑대를 제외한 모든 동물에게 공격력 +10으로 사용가능하다.	완전 빠른 사슴 **전투력 2** 아주 빨리 달려서 도망갈 수 있다. 부족장, 헤라클레스와 친하기 때문에 이 둘에게 잡히면 악수로 인사하고 다시 도망간다.	돌도끼(뗀석기) **공격력 + 2** 나무 몽둥이보다야 낫지만… 역시나 눈물만 나올 뿐 T.T 그래도 힘내자! 아자!
중급 전사 A **전투력 3** **특기** 검술의 달인 철로 만든 검을 얻으면 공격력 +5	완전 빠른 사슴 **전투력 2** 아주 빨리 달려서 도망갈 수 있다. 부족장, 헤라클레스와 친하기 때문에 이 둘에게 잡히면 악수로 인사하고 다시 도망간다.	돌칼(간석기) **공격력 + 3**
중급 전사 B **전투력 3** **특기** 돌칼의 달인 돌칼을 얻으면 공격력 +3	사랑스러운 늑대 **전투력 5** 동물들 중 유일하게 부대를 형성할 수 있다. 늑대가 다른 동물과 함께 하면 그 동물과 전투력을 합쳐 부대의 전투력이 된다.	돌칼(간석기) **공격력 + 3** 돌도끼보다야 낫지만… 역시나 눈물만 나올 뿐 T.T 그래도 힘내자! 아자!
중급 전사 C **전투력 3** **특기** 돌칼의 달인 돌칼을 얻으면 공격력 +3	잠꾸러기 곰 **전투력 9** 잠자는 것을 좋아하는 귀여운 곰이다. 그러나 지금은 자면 잡힌다.	돌칼(간석기) **공격력 + 3** 돌도끼보다야 낫지만… 역시나 눈물만 나올 뿐 T.T 그래도 힘내자! 아자!
중급 전사 E **전투력 3** 특기 : 돌칼의 달인 돌칼을 얻으면 공격력 +3	잠꾸러기 곰 **전투력 9** 잠자는 것을 좋아하는 귀여운 곰이다. 그러나 지금은 자면 잡힌다.	돌칼(간석기) **공격력 + 3** 돌도끼보다야 낫지만… 역시나 눈물만 나올 뿐 T.T 그래도 힘내자! 아자!

중급 전사 F **전투력** 3 **특기** 돌칼의 달인 돌칼을 얻으면 공격력 +3	잠꾸러기 곰 **전투력** 9 잠자는 것을 좋아하는 귀여운 곰이다. 그러나 지금은 자면 잡힌다.	비파형 동검 **공격력** + 4
상급 전사 A **전투력** 4 **특기** 돌도끼 던지기의 달인 돌도끼를 얻으면 공격력 +3	립스틱 바른 하마 **전투력** 9	비파형 동검 **공격력** + 4
상급 전사 B **전투력** 4 **특기** 쌍검의 달인 쌍검을 얻으면 공격력 +3	충치 악어 **전투력** 9 원래는 전투력이 더 강한데 요즘 충치 때문에 전투력이 약간 낮아졌다.	철로 만든 싸구려 검 **공격력** + 5
상급 전사 C **전투력** 4 **특기** 돌도끼 던지기의 달인 돌도끼를 얻으면 공격력 +3	깜찍한 코뿔소 **전투력** 9 전투할 때 깜찍한 춤을 추면 전투력이 1 상승한다.	철로 만든 전설의 청홍검 **공격력** + 6
부대장 A **전투력** 5 **특기** 연합 공격 부하와 함께 다닐 때 공격력 +2	설사하는 호랑이 **전투력** 10 원래는 전투력이 더 강한데 요즘 설사 때문에 전투력이 약간 낮아졌다. 전투할 때 설사하는 흉내를 내면 전투력이 1 상승한다.	검객 미야모토 무사시의 전설의 쌍검 **공격력** + 7
부대장 B **전투력** 5 **특기** 연합 공격 부하와 함께 다닐 때 공격력 +2	치질 걸린 사자 **전투력** 10 호랑이와 함께 지상동물 최강을 다투던 사자도 치질로 인해 전투력이 약간 낮아졌다. 전투할 때 치질 걸린 흉내를 내면 전투력이 1 상승한다.	관우의 청룡 언월도 **공격력** + 8
부족장 **전투력** 6 **특기** 주술 공격. 비파형 동검을 얻으면 공격력 +3	포켓 몬스터 피카츄 **전투력** 7 사람에게 공격을 당할 때 '피카츄 라이츄'를 외치면 라이츄로 변신하고 전투력이 14로 향상된다. 한 게임에 한 번만 사용 가능하다.	고래잡이용 창 **고래에게만 공격력 +9** **고래 외의 동물에게는 공격력 +1**
전설의 영웅 헤라클레스 **전투력** 9 나무 몽둥이를 얻으면 공격력 +3	난폭한 범고래 **전투력** 20 모든 동물들 중 최강의 전투력을 갖고 있지만 마을로 들어가서 동물을 구할 수는 없다. 바다에서 마을까지는 너무 멀다.	전설의 검 엑스칼리버 **공격력** 10

37

삼국전쟁 고백신 피구

고구려, 백제, 신라 삼국의 경쟁과 협력을 피구에 반영한 놀이입니다. 보통 피구는 두 편으로 나누어서 경기를 하지만 고백신 피구는 고구려, 백제, 신라 세 편으로 나눠서 하게 됩니다. 한 나라의 모든 사람들이 공에 맞아 밖으로 나가게 되면 마지막 사람을 맞힌 사람의 나라 땅이 되며 모든 땅을 다 차지하면 삼국통일을 하게 되고 승자가 됩니다. 이 피구의 묘미는 동맹과 배신이 가능하다는 것입니다. 그래서 어제의 적이 오늘의 동지가 될 수도 있고 오늘의 동지가 내일의 적이 될 수도 있습니다. 어찌 보면 비열한 행동일 수도 있지만 삼국시대 역사 공부와 함께 이 놀이를 하면 교과서에 적혀 있는 단순한 이야기가 아니라 그 시대가 얼마나 치열했는지를 느낄 수 있습니다.

준비물	접시콘, 피구공 1~3개, 라인기
인원	20~30명, 학급 전체 세 편
대형	반지름 5m 안팎으로 원을 그리고 원의 중심에서부터 셋으로 구역을 나눈다. 구역의 크기는 고구려-백제-신라의 차례로 한다.
소요시간	놀이당 5분 안팎(학생수, 경기장의 크기, 공의 갯수에 따라 달라짐)

01 **편 나누기**

가. 분단 또는 모둠으로 나눌 수 있다.

나. 가위바위보로 뽑아가기로 나눌 수 있다.

다. 고구려, 백제, 신라가 각각 적혀있는 카드를 뽑아서 편을 나눌 수 있다.

02 **전쟁**

가. 시작하기 앞서 전략 회의를 할 수 있고, 외교를 통해 동맹을 맺을 수도 있다.

나. 피구공을 상대 편에게 던져서 맞힌다. 맞은 사람은 유민이 되어 다른 나라 밖으로 나가서 수비를 할 수 있다.

다. 만약 신라의 마지막 사람을 고구려인이 맞추면 신라땅은 고구려땅이 되며 고구려 사람들은 그 땅에서도 활동할 수 있다.

라. 고구려, 백제, 신라 땅을 모두 차지하면 승리한다. "삼국통일 만세"를 외친다.

03 **전략**

가. 나라를 나누고서 상대적으로 강한 팀이 있다면 다른 두 나라가 동맹을 맺을 수 있다.

나. 동맹을 맺었다가 자신이 유리해지면 동맹을 깰 수도 있다. 다만 그 나라는 또는 동맹 파기를 주도한 사람은 이후 동맹 맺는데 어려움을 겪을 수 있다.

다. 백제가 고구려 땅을 차지하고 신라와 마지막 전쟁을 벌이고 있다면, 백제에 의해 멸망당해 고구려 땅 밖으로 쫓겨난 원 밖의 고구려 유민들이 신라와 연합해서 백제를 공격할 수도 있다.

주의사항

- 동맹, 배신과 같은 정치적 요소가 포함되기 때문에 놀이를 마치고도 배신감이나 원망과 같은 감정이 남아있을 수도 있습니다. 놀이에서 있었던 일은 놀이를 마치며 잊도록 하거나, 그런 감정들을 이야기로 나누거나 글로 쓰면서 그 시대 사람들의 생각과 감정을 느껴볼 수 있게끔 도와줍니다.

고구려, 백제, 신라, 가야

이 시대는 고구려, 백제, 신라 외에도 가야까지 합쳐서 사국시대로 불러야 한다고 주장하는 역사학자들도 있습니다. 이를 적용하여 고백신가 피구로 진행할 수도 있습니다. 하지만 고백신 피구를 더 선호하는 이유는 나라를 짝수로 나뉘는 것보다 홀수일 때 묘한 힘의 균형과 붕괴가 연속적으로 일어나기 때문입니다.

각 나라에 공을 하나씩 주어서 공 3개로 피구를 할 수 있습니다.

왕과 장군 카드 활용하기

나라를 나누는 카드에 각 나라의 유명한 왕과 장군의 이름을 넣어둡니다. 카드를 뽑으면 자신의 나라와 함께 왕이나 장군의 역할이 주어집니다. 왕이 공에 맞으면 나라가 망하고 장군은 공에 맞아도 죽지 않는 방식을 이용할 수 있습니다.

예) 고구려 – 광개토대왕, 을지문덕, 백제 – 근초고왕, 계백, 신라 – 진흥왕, 김유신

외교관 카드 활용하기

외교관 역할을 카드에 넣어서 놀이를 시작하기 전에 외교관들이 모여서 협정을 맺고 시작하는 방법을 사용할 수 있습니다.

Work Book

38

임진왜란과 거북선

연극놀이 〈난파선〉을 역사 놀이로 발전시킨 놀이입니다. 진행자는 이순신 장군이 되어 거북선을 지휘하며 조선을 침략한 일본군과 전쟁을 벌입니다. 운동장에 거북선(직사각형)을 그려놓고 할 수도 있고 교실에서 책상을 벽으로 밀고할 수도 있습니다. 이순신 장군이 명령을 내리면 조선 수군은 그 명령을 최대한 빠르고 정확하게 수행해야 합니다. 역사 시간에 임진왜란을 공부한 후 하게 되면 더욱 더 재미있게 참여할 수 있으나 굳이 역사 공부를 하지 않았어도 즐길 수 있습니다.

준비물	라인기
인원	20~30
대형	가로 7m, 세로 10m 정도의 직사각형을 그려서 거북선을 만든다.
	교실에서는 책상을 치우고 공간을 확보한다.
소요시간	10분 안팎(학생수, 경기장의 크기, 공의 갯수에 따라 달라짐)

연극놀이이므로 실제로 아이들에게 이야기하듯 대사로 설명하겠습니다.

1단계 놀이의 시작과 거북선 이동 훈련하기

01 **상황설명**

"지금은 조선시대 임진왜란 중이다. 여러분들은 조선 수군이고 이곳은 거북선이다. 그렇다면 나는 누구? 그렇다. 이순신 장군님이다. 불만있는 사람은 왜군이다."

02 **거북선 설명**

"나–이순신 장군이 서 있는 이곳은 선두(뱃머리)이며 뒤쪽은 선미(배꼬리), 여러분들의 왼쪽이 좌현, 오른쪽은 우현이다."

03 **훈련 준비**

"나–이순신 장군은 업무를 처리하고 있을 것이다. 회장은 지금 이 순간 장수가 되어 병사들을 통솔한다. 4열 종대로 줄을 서게 하고 정렬되면 나에게 와서 '장군님 훈련 준비가 완료되었습니다'라고 말한다. 그리고 내가 나오면 '부대 차렷! 장군님께 경례!'를 시키고 병사들은 경례를 한다. 자, 해보자."

04 **거북선 이동 훈련 1 – 위치로**

"훈련의 첫 단계는 거북선이 바다에서 이동하도록 노를 젓는 것이다. 내가 '위치로'라고 명령을 내리면 왼쪽의 2열은 좌현으로, 우측의 2열은 우현으로 가서 줄을 맞춰서고 노를 저을 준비를 하면서 다음 명령을 기다린다. 군인에게 있어서 중요한 것은 복명복창이다. 장군이 명령하면 큰 소리로 따라서 말을 하고 명령을 수행한다. '위치로!'"

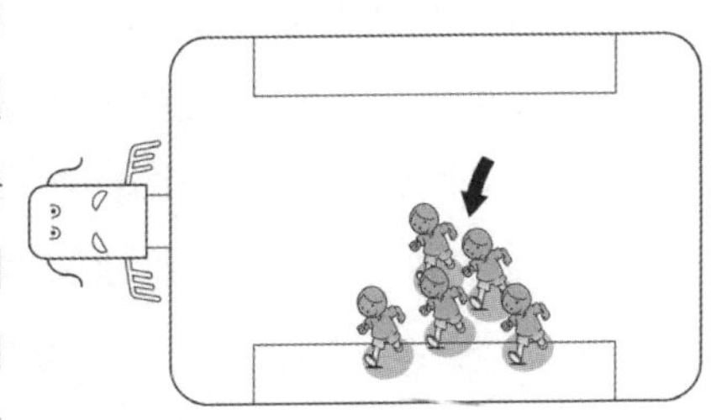

05 거북선 이동 훈련 2 – 노를 저어라, 빠르게, 느리게, 전속력, 좌측으로, 우측으로

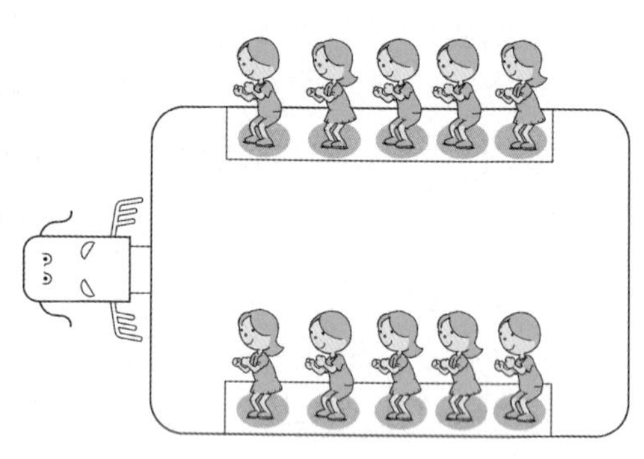

"내가 '노를 저어라'라고 명령을 내리면 여러분들은 '노를 저어라'라고 외친 후 '영차, 영차'를 다른 병사들과 함께 맞춰서 소리를 내면서 팔로 노를 젓는다. '빠르게'라고 말하면 '빠르게'를 외치며 더 빠르게 영차 소리와 노젓기를 하고 '느리게'라고 말하면 '느리게'를 외치며 더 느리게 영차 소리와 노젓기를 한다. 그럼 직접 노를 저어보겠다. '노를 저어라', '빠르게', '느리게'… 좋다. 매우 훌륭하다.

그런데 배가 앞으로만 갈 수는 없잖은가? 좌우 이동에 대한 훈련도 하겠다. 왼쪽으로 가려면 어느 현에서 노를 저어야 할까? 그렇다. 우현에서 노를 저어야 한다. 그러면 오른쪽으로 가려면? 좋다. 좌현에서 노를 저어야 한다. 그러면 이동 종합훈련을 하겠다. '위치로', '노를 저어라', '좌측으로', '우측으로', '빠르게', '느리게', '전속력'… 좋다 대단히 훌륭하다. 이로써 거북선 이동 훈련을 마치도록 하겠다.

2단계 거북선 내에서 이동 훈련

01 거북선 내에서 이동 훈련 – 선두, 선미, 좌현, 우현

"지금까지 거북선 이동 훈련을 잘 마쳤으니 이제는 거북선 내에서 병사들의 신속하고 정확한 이동훈련을 하도록 하겠다. 내가 '선두'라고 외치면 '선두'를 외치면서 뛰지 않는 빠른 걸음으로 최대한 빠르게 선두로 이동해야 한다. 내가 '선미'라고 외치면 '선미'로, 좌현 또는 우현을 외치면 그곳으로 이동해야 한다. 최대한 동작을 빠르게 해야 한다. 그러면 거북선 내에서 이동 훈련을 시작하겠다. '위치로', '선두', '선미', '좌현', '우현', '우현', '좌현'… 잘 했다. 이것을 똥개 훈련이라고 생각하지 말길 바란다. 그렇게 생각하는 순간 똥개가 되는 것이니까. 우리는 조선의 최정예 군인이다. 군인에게는 명령을 따르고 신속하게 움직이는 것이 반드시 필요하며 이를 위한 훈련이다."

02 **거북선 내에서 활동 훈련 – 갑판 청소, 배멀미, 첩자다**

'갑판 청소' 명령을 내리면 '갑판 청소'를 외치며 쪼그리고 앉아서 바닥을 열심히 닦으면서 이동한다. '배멀미' 명령을 내리면 '배멀미'를 외치면서 빠르게 좌현이나 우현으로 가서 바다에다 토한다. 만약 갑판에다 토한다면 놀이 끝날 때까지 갑판 청소를 할 줄 알아라. 그러면 거북선 내에서 활동 훈련을 실시한다. '좌현', '우현', '선두', '선미', '갑판청소', '배멀미', '갑판청소', '선두', '배멀미', '위치로' 대단히 훌륭하다.

그런데 이 중에는 명령을 열심히 수행하지 않는 사람이 있다. 아마도 왜군의 첩자임에 분명하다. 내가 누군가를 가리키면서 '첩자다'라고 외치면 주변에 있는 사람들은 그를 들어 올려서 배 밖 바다(교실 앞문 쪽)로 버린다. 바다로 버려진 사람은 1분 동안 바다(교실 앞문 쪽)에 있다가 나에게 와서 이렇게 말한다. '장군님 저는 첩자가 아닙니다. 명령을 제대로 수행하지 못한 것을 용서해주십시오. 한 번만 더 기회를 주신다면 최선을 다하겠습니다.' 만약 나의 마음에 든다면 다시 수군으로 돌아올 수 있고 그렇지 않다면 다시 바다로 가야 한다. 첩자 처리 훈련을 해보도록 하겠다(한 명을 가리키며) 첩자다. (첩자를 잡아 들어서 교실 밖으로 들어서 옮긴다. 이때 던지거나 떨어뜨리지 않고 안전하게 내려놓는다).

3단계 전투 훈련

01 **검술 훈련 – 칼을 들고 싸워라**

"이제 3단계 전투 훈련 중 첫 번째 검술 훈련을 실시하겠다. 거북선에 왜군이 올라타는 것은 거의 불가능하지만 그래도 뛰어난 왜군들은 선내로 들어올 수 있다. 그때는 검술로 제압한다. 내가 '칼싸움'이라고 외치면 '칼싸움'이라고 외치고 칼을 뽑아서 왜군을 상대로 열심히 싸운다(칼싸움을 하는 연기를 한다)."

02 **활쏘기 훈련 – 9시 방향 적 출현 활을 쏴라**

"적이 멀리 있을 때는 활을 쏜다. 먼저 적 출현 방향을 알려줄 것이다. '3시(또는 6시, 9시, 12시) 방향 적출현! 활을 쏴라!'라고 명령하면 큰소리로 똑같이 외친 후 그 방향을 향해 선다. 첫 동작은 활을 든 왼팔을 앞으로 펴고 오른손은 등 뒤

의 화살을 뽑아 활시위에 건 후 오른 손으로 화살과 활시위를 최대한 당긴다. 두 번째 동작은 활을 쏘고 화살이 날아가는 '슉' 소리를 내고 오른 팔을 화살처럼 앞으로 쭉 뻗는다. 세 번째 동작은 제자리에 빠르게 앉는다. 여러분도 알고 있겠지만 방향이 틀렸거나 동작이 느린 사람은 첩자다. 내가 잘 지켜보고 있다."

03 대포 훈련 – 6시 방향 적 출현 대포를 쏴라

"칼과 활에 이어 더 먼 거리를 공격할 수 있는 무기는 무엇이 있는가? 그렇다. 바로 대포다. 활 공격과 마찬가지로 먼저 방향을 알려준 후 대포 공격 명령을 내리면, 3인 1조가 되어 한 사람은 대포 역할, 다른 한 사람은 탄환수, 다른 한 사람은 점화수가 되어 대포를 쏜다. 쏘고 나면 큰 소리로 '쾅'을 내고 제자리에 신속하게 앉는다.

그러면 전투 종합훈련을 실시하도록 하겠다. '선내에 침입했다. 칼싸움', '6시 방향 적 출현 활을 쏴라', '선내에 침입했다. 칼싸움', '9시 방향 적 출현 대포를 쏴라' 좋다. 훌륭하다. 훈련은 실전과 같이 실시하고 실전에서는 훈련한대로 침착하고 용맹스럽게 싸워야 한다. 그러면 이상으로 모든 훈련을 마친다. 모두들 수고했다. 전체 휴식."

4단계 : 실제 전투

01 **출정 전 연설**

장수가 수군들을 집합시키고 장군에게 준비되었음을 보고하면 장군이 나와서 연설을 한다.
"왜군이 부산포 앞바다를 점령했고 지금 이곳으로 향하고 있다는 정보를 입수하였다. 분명 그들은 우리보다 압도적으로 많다. 하지만 우리는 위기에 처한 우리의 조국 조선을 구하고자 하는 사명감을 갖고 있다. 물론 두려울 것이다. 나 또한 두렵다. 하지만 그 두려움에 물러서지 말자! 살고자 하면 죽을 것이요. 죽고자 하면 살 것이다! 모두 다같이 함성! 와~"

02 **전투**

훈련한 내용들을 이용하여 왜군과 전투한다.

03 **승리**

"매우 격렬한 전투였지만 우리 조선 수군의 용맹함으로 적들을 완전히 물리쳤다. 끝까지 최선을 다해준 여러분들에게 진심으로 감사드린다. 우리 모두 승리의 함성을 외치자. 조선 수군 만세 만세 만세!"

주의사항

- 놀이를 하면서 오고갈 때 부딪혀서 다치지 않도록 주의하도록 합니다. 뛰지 않고 반드시 빠른 걸음으로 걸어다녀야 합니다.
- 연기를 잘하면 더욱 더 재미있지만 놀이를 처음 해볼 때는 연기에 너무 신경 쓰지 않아도 괜찮습니다.

명령어 칠판에 써두기

명령어를 칠판에 써두면 아이들이 좀 더 쉽게 할 수 있습니다.

관련 소품 만들어 활용하기

거북선의 그림이나 조선 수군의 소품들을 만들어서 활용하면 더욱 더 재미있습니다.
예) 요술풍선을 노, 칼, 활로 이용하기

39 조선시대 신분제 테니스

조선시대에는 왕족, 양반, 중인, 상민, 천민으로 신분이 명확하게 나뉘어져 있었습니다. 하지만 어떤 사건들에 의해 왕이 폐위되거나 상민이 양반이 되는 등 신분의 변화가 일어나기도 합니다. 이 놀이는 자신의 영역에서 네트를 넘겨서 상대의 영역으로 공을 넘기는 테니스형 놀이에 이러한 역사적 사실을 더해서 만든 놀이입니다.

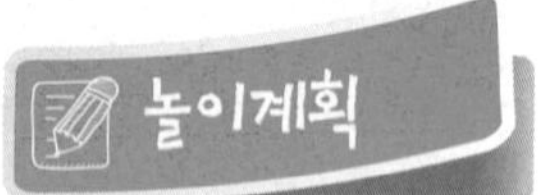

준비물	모둠 당 배구공 1개
인원	5~6인 1모둠
놀이장	땅바닥에 가로 세로 3m로 田 모양을 그린다.
소요시간	제한없음

놀이방법

01 가위바위보를 하여 1등은 왕, 2등은 양반, 3등은 중인, 4등은 상민, 5등은 천민이 된다.

02 각각 자신의 땅으로 들어가고 천민은 밖에서 놀이를 지켜보면서 기다린다.

03 자신의 땅은 테니스에서 자신의 코트, 상대 땅과의 구분선은 네트와 같은 역할을 하며 4명이 함께 테니스처럼 자신의 땅으로 온 공을 쳐서 상대의 땅으로 보낸다.

04 상대의 땅으로 공을 보낼 때는 자신의 땅으로 온 공이 땅에 한 번 튕기거나 공중에 뜬 상태에서 쳐서 보낸다.

05 상민이 왕에게 공을 보내는 것으로 놀이가 시작된다.

06 처음에 상민이 왕에게 공을 보내는 것은 테니스의 서비스와 같으나 다루기 좋게 공손하게 던져 주어야 한다.

07 자신에게 온 공을 가볍게 상대의 영역으로 넘길 수도 있고 강하게 때려서 상대가 칠 수 없도록 공격할 수도 있다.

08 왕은 많은 권력을 갖고 있기 때문에 상민에게 공을 어디로 어떻게 달라고 요구할 수 있다. "여기로 조금 높게 줘" 또는 마음에 들지 않으면 "다시" 달라고 요구할 수 있다.

09 왕은 받은 공을 양반, 중인, 상민 등 누구에든 보낼 수 있다. 하지만 처음 시작할 때 상민이 왕에게 공을 던져 줄 때나, 천민이었던 사람이 상민이 되어 처음으로 왕에게 공을 던져 줄 때는 왕도 백성을 사랑하는 마음으로 상민이 다루기 좋게 쳐서 넘겨주어야 한다.

10 자신의 땅에 온 공을 치지 못하거나 다른 사람의 땅으로 공을 보내지 못하면 지게 되는 것이고 신분이 한 단계 떨어지고 그 신분에 있던 사람은 한 단계 올라오는 신분의 변화가 일어난다.

11 만약 중인의 땅에 공이 튕긴 후 중인이 쳐내지 못하거나 쳐냈는데 다른 사람의 땅에 튕기지 않고 그냥 나가면 그 사람의 신분이 한 단계 떨어진다. 즉 상민이 되어 상민의 땅으로 가고 상민은 중인이 되어 중인의 땅으로 간다.

13 만약 상민이 친 공이 중인의 땅에서 튕긴 후 중인이 공을 쳐서 양반의 땅을 튕겼는데 양반이 공을 제대로 쳐내지 못하면 중인은 양반이 되고 양반은 중인이 된다.
만약 상민이 공을 제대로 쳐내지 못하면 천민이 되어 놀이장 밖으로 나가고 밖에서 바라보고 있던 천민이 상민이 되어 역사의 무대 전면으로 등장한다.

14 이와 같은 방식으로 공을 주고받으면서 계급이 이동하게 된다. 이때 새롭게 상민이 된 사람이 처음으로 왕에게 보낸 공은 치기 좋도록 보내주어야 한다. 마음에 들지 않으면 "다시" 달라고 왕에게 요구할 수 있다(신문고 제도). 이는 백성에 대한 왕의 따뜻한 마음의 한 조각이자 사회적 약자에 대한 최소한의 배려이다.

주의사항

- 역사적인 현실이 많이 반영된 놀이이기 때문에 놀이가 끝나고 현실에도 그 영향이 남아있을 가능성이 다른 놀이에 비해 좀 더 높습니다. 예를 들어 왕이었던 아이가 믿었던 양반의 배신으로 신분이 떨어져서 천민이 되었을 때 속상함이 남아있을 수 있습니다. 놀이가 끝나면 놀이의 세계에서 경험했던 일들과 감정들을 내려놓는 작업이 필요합니다. 재미있었을 때와 속상했을 때를 이야기 나누면서 공감하는 과정이나 그런 감정들을 이용하여 글을 쓰거나 짧은 역사 소설을 쓰고 함께 읽어보는 것도 마음을 풀고, 그 시대를 이해하는데 큰 도움이 됩니다.
- 천민이 되어 기다리는 아이에게는 보면서 많은 것을 배울 수 있으며 자신에게 기회가 주어진다면 어떻게 할 것인지 전략을 짜고 마음속으로 연습하도록 합니다.

역사 공부 하고서 놀이하기

역사 공부를 하고서 역사 놀이를 하면 더욱 더 재미있습니다. 역사를 공부한 후 이 놀이 설명서를 복사하여 나눠준 후 학생들이 직접 놀이를 연습해보도록 할 수 있습니다. 또는 체육부가 놀이를 먼저 익혀서 친구들에게 안내할 수도 있습니다.

놀고 나서 더 공부하기

놀이가 끝난 후에 좀 더 자세하게 알아보도록 하는 것도 도움이 됩니다. 공을 튀겨서 조작하며 노는 몸의 즐거움, 친구들과의 상호작용에서 오는 즐거움, 역사적 사실을 직접 몸과 관계로 체험하며 더욱 더 깊어지는 즐거움까지 누릴 수 있는 놀이입니다.

관련 내용 신분제도, 사화(양반들의 권력 다툼), 민중봉기(상민과 천민의 분노 폭발), 조선 후기 신분제도의 변화

토의하고 전략 세우기

놀이를 하고 전략 토의를 해보면 다양한 전략이 나올 수 있습니다. 신분의 변화는 한 단계씩만 이루어집니다. 즉 상민이 왕을 공격하여 왕이 받지 못했다 하더라도 상민이 왕이 되는 것이 아니라 왕과 한 단계 차이나는 양반이 어부지리로 왕으로 올라가고 왕은 양반으로 떨어집니다. 물론 그렇게 왕이 된 양반이 상민을 도와줄 수 있습니다. 여기에 이 놀이의 깊은 매력이 있습니다. 그 상민을 자신의 측근으로 삼고 싶다면 상민에게 중인을 공격하기 좋은 위치로 공을 요구하고 중인을 공격하여 상민의 계급을 올린 후 다시 중인이었던 상민에게 왕이었던 양반을 공격하기 좋은 위치에 공을 달라고 합니다. 물론 중인은 잘 주고 싶지 않겠지만 왕에게 잘 주어야 할 의무가 있습니다. 왕이 마음에 들지 않으면 "다시" 달라고 할 수도 있고 여차하면 왕이 직접 상민을 공격하여 천민으로 떨어지고 놀이에 참여하고 싶어 오매불망 기다리던 천민이 상민이 되어 역사의 무대 전면으로 나서게 될 수 있습니다.

신분제와 관련된 역사 소설 쓰기

역사 책에서 공부한 내용, 놀이를 통해서 경험하고 느꼈던 것들을 재미있고 감동적인 이야기로 꾸며 쓸 수 있습니다.

Part 5

여러 가지 놀이를 하기전에 알아두면 좋은 이야기

이번 장에서는 앞에서 분류했던 놀이에는 들어가지 못하지만 재미있는 놀이를 간추려 보았습니다. 그리고 이 놀이들을 '체육시간 놀이, 신발 놀이, 땅 놀이'로 나누었습니다.

체육시간 놀이는 이 책의 맨 앞장에서 이야기했듯이 우선 아이들에게 기본 규칙을 알려주는 활동이 우선 되어야 합니다. 그래야 아이들도 안전하게 놀이 활동을 할 수 있고, 실제 활동을 하는 시간도 늘어나게 됩니다.

체육시간에 할 수 있는 여러 놀이가 있지만 여기서는 '평균대 놀이, 철봉놀이, 뜀틀놀이'로 나누어 봤습니다.

평균대가 무서워요.

아이들뿐만 아니라 어른들도 좁은 공간에서 높이 서 있는 것은 매우 두려운 일입니다. 여기에 평균대라는 좁은 선 위에 올라가 있는 것은 아이들에게는 큰 도전일 수밖에 없습니다.

그래서 아이들이 안심하고 도전할 수 있도록 도와주어야 합니다. 평균대 둘레에 매트를 깔아주는 것은 기본이고 평균대를 무서워하지 않게 만드는 활동이 반드시 함께 있어야 합니다.

따라서 평균대에서 할 동작이나 놀이들을 땅에서 미리 해보는 것도 좋은 방법이라 생각됩니다. 땅에서 미리 해 보면 평균대 위에서도 자신감이 생길 수 있습니다.

또한 평균대가 무섭지 않다는 생각을 갖게 하기 위해 평균대에 올라가기 전에 걸터앉아서 내려오기, 한 발만 올려보기, 손으로 만지면서 평균대 끝에서 끝으로 이동하기 등의 활동을 하면 저학년도 두려움을 조금이나마 떨칠 수 있게 됩니다.

철봉을 하고 싶어도 팔 힘이 없어요.

사실 철봉 놀이를 하려면 가장 중요한 것이 팔 힘입니다. 하지만 많은 아이들이 처음에 철봉에 오래 매달리기는커녕 10초도 버거워합니다.

그래서 철봉 놀이를 하기 전에 반드시 팔 힘을 길러주는 활동을 1~2주 동

안 체육시간마다 하고 철봉 놀이나 철봉 수업을 해야 합니다.
팔 힘을 길러 주는 방법은 처음에는 아이들이 쉽게 할 수 있는 것부터 시작해야 합니다. 대표적인 것인 늘임봉에 매달리기입니다. 늘임봉에 매달려 30초 버티기를 먼저 합니다. 이때 두 손으로 늘임봉 하나를 잡고 양 발로 늘임봉을 잡으면 손으로만 버티는 것보다 훨씬 쉽습니다. 그리고 30초 전에 땅으로 떨어지더라도 다시 올라 가도록 합니다. 즉 30초 내내 버티기가 아니라 땅에 떨어져도 계속 올라가서 30초를 버티면 통과하는 것이라고 규칙을 알려 주면 아이들은 부담 없이 활동하게 됩니다. 그래서 전체 시간이 30초가 흐르면 자리로 돌아가게 하고 이를 서너 차례 반복을 합니다.
이런 활동을 1주일에 3번 정도 하면 아이들은 일단 철봉을 잡고 버틸 수 있는 힘이 길러집니다.
그리고 철봉을 하게 되면 우선 양팔로 잡고 30초 버티기를 하고, 그 다음은 흔들어 멀리 내리기를 연습해서 팔 힘을 충분히 길러 주도록 합니다.
이러한 활동을 통해 어느 정도 팔 힘이 길러졌을 때 철봉 수업이나 놀이를 해야 안전하게 할 수 있고, 아이들도 자신감을 가지고 하게 됩니다.

뜀틀이 무서워요.

철봉만큼이나 아이들이 꺼려하는 수업이 뜀틀 수업입니다. 그리고 손목이나 발목, 심지어 목까지 다치기도 하고 다리를 뜀틀에 긁히는 일도 많이 겪게 되고, 다치는 것을 보게 되니 더욱 무서워합니다.

그래서 아이들에게 뜀틀 놀이나 수업을 하기 전에는 꼭 뜀틀과 친해지는 활동이 필요합니다. 뜀틀을 하기 전에 먼저 발구름판을 한발로 굴러 멀리뛰기 혹은 높이뛰기, 발구름판을 두 발로 굴러 멀리 뛰기 등을 하면서 구름판 밟는 연습을 합니다.

그리고 뜀틀 1단을 발로 밟고 넘어가기, 2단부터 4단까지 차례로 발로 밟고 넘어가기를 하면서 뜀틀에서 올라갔다 내려오는 것이 안전하다는 것을 몸으로 느끼게 합니다.

5단부터는 발구름판을 밟고 뛰어 뜀틀에 말안장에 앉듯이 걸쳐 앉기를 합니다. 이 활동에서 중요한 것은 뜀틀을 두 손으로 동시에 짚는 것입니다. 그래야 손목을 다치지 않기 때문입니다.

이러한 활동을 우선하고 뜀틀 놀이나 수업을 하면 아이들이 자신감을 가지고 뜀틀 수업을 하게 될 수 있습니다.

★신발을 벗어요.

항상 신고 있는 신발을 벗으면 시원함을 느끼게 됩니다. 하지만 야외에서 신발을 벗는 경험은 그리 많지 않습니다. 맨발로 땅을 밟으면 몸에 정말 좋다고 하지만 많은 아이들은 그런 경험을 거의 못하고 있는 것입니다.
그래서 놀이를 통해서라도 신발을 벗어보고 양말을 신었지만 잠시 땅과 가까이 할 수 있는 놀이를 통해서 아이들이 땅을 느끼면, 그 자체로도 훌륭한 산 경험이 될 수 있습니다.
또한 신발을 가지고 다양한 놀이를 하면 평소에 매일 신던 신발이 이렇게 재미있게 바뀔 수 있다는 생각을 갖게 되고 아이들은 놀이에 더욱 즐겁게 참여합니다.

흙이 좋아요.

이 책에 나오는 땅놀이는 모두 흙에서 하는 놀이들입니다. 흙을 찾아 볼 수 없는 도시의 아이들에게는 흙을 느낄 수 있는 기회를 제공하게 되고, 자연 속에 사는 아이들에게는 자연스런 놀이가 될 수 있습니다.
사실 도시의 아이들에게 평소에 주변에서 흙으로 되어 있어서 놀 수 있는 넓은 공간은 학교 운동장이 대부분일 것입니다.
이러한 운동장에서 아이들이 놀이를 하면서 흙을 밟고 만지고 뛸 수 있는 경험을 많이 제공하는 것만으로도 훌륭한 교육이 아닐까 합니다.

40 평균대 놀이 1 (지네 다리 줄이기 외)

평균대 놀이를 하기 전에 아이들에게 평균대에 대한 두려움을 없애고 흥미를 높여주는 활동이 필요합니다. '자리바꾸기', '지네 다리 줄이기', '나처럼 해봐요 이렇게' 등의 놀이는 평균대에 자신감을 가질 수 있고 균형감각을 연습할 수 있는 놀이입니다.

준비물	운동장에 길이 2~3m, 폭 20cm 안팎의 선 2개, 평균대
인원	2~6명
대형	1줄로 서기
소요시간	3분 안팎

자리 바꾸기

01 땅에 길이 2~3m, 폭 20cm 안팎의 선을 그린다.

02 2개의 선 안에 두 사람이 마주보고 선다.

03 '시작'이란 말과 동시에 재빨리 두 사람이 서로 자리를 바꾼다. 이때 선을 밟거나 넘어가서 땅을 밟으면 안 된다.

04 익숙해지면 6~12명의 사람이 모두 선 안에 들어간다.

05 같은 방식으로 맨 앞사람은 맨 뒤로, 맨 뒷사람은 맨 앞으로 가는 방식으로 자리를 모두 바꾼다(예 : 키 작은 차례로 줄을 섰다면 키가 큰 차례로 자리를 바꾼다).

지네 다리 줄이기

01 땅에 길이 2m 안팎의 선을 그린다.

02 선 위에 4~6명이 나란히 선다.

03 선생님이 부르는 숫자에 맞게 땅을 밟고 있는 다리의 수를 맞춘다(예로 6명이 서있을 때, 선생님이 7이라는 숫자를 부르면 5명은 한 발로 서고 다른 1명은 두 발로 서면된다).

04 지네 다리 줄이기를 할 때는 짧은 시간 안에 해결할 수 있도록 한다(5초 내외).

나처럼 해봐요 이렇게

01 평균대 위에 4~6명이 올라가 선다.

02 또 다른 1명은 평균대 아래에서 평균대에 올라간 사람들이 모두 볼 수 있는 곳에 선다.

03 아래에 있는 1명이 '나처럼 해봐요 이렇게'를 노래하듯 외치면서 정지 동작 시범을 보이면, 평균대 위에 있는 사람들이 그대로 따라한다.

04 서로 번갈아 가면서 시범 보이는 역할을 하도록 한다.

주의사항

- 자리를 바꿀 때, 서로 마주 붙잡고 도움을 줄 수 있도록 합니다.
- '나처럼 해봐요 이렇게'에서는 아래에서 동작을 하는 사람이 점차 힘든 동작을 할 수 있도록 지도하여 처음부터 어려운 동작이 나오지 않도록 합니다.

자리 바꾸기 응용하기

선 사이의 간격을 좁히면 더 어려워지지만 더욱 협력하고 재미있어집니다. 또한 2명이 자리를 바꾸는 것을 평균대 위에서 해도 좋습니다. 여러 명이 땅에서 자리를 바꿀 때에는 특정한 미션을 선생님이 주면 더 재미있습니다(예: 가나다라 순서, 출석 번호, 이전 학년 때의 반 순서 등).

나처럼 해봐요 이렇게 모둠 활동

4개의 평균대를 정사각형으로 만듭니다. 학급을 4개의 모둠으로 나누어 각각 평균대 한 개에 모둠별로 올라가도록 합니다. 각 모둠별로 '나처럼 해봐요 이렇게'의 동작을 평균대 위에서 동작을 보여주면, 다른 모둠이 10초 안에 따라하도록 합니다. 모둠별로 다양한 동작을 보여주고 따라하는 것을 되풀이 하도록 합니다.

평균대 위에서 지네 다리 줄이기

4개의 평균대를 정사각형으로 만듭니다. 학급을 4개의 모둠으로 나누어 각각 평균대 한 개에 모둠별로 올라가도록 합니다. 평균대 위에서 '지네 다리 줄이기'를 합니다. 이때 선생님이 숫자를 불러도 되지만, 모둠별로 불러도 됩니다. 단, 너무 위험하지 않게 활동할 수 있도록 지도합니다. 특히 평균대 위에서는 업지 않도록 합니다.

41

평균대 놀이 2 (무궁화꽃이 피었습니다 외)

평균대 놀이 2에서는 평균대 위에서 보다 자신감을 가지고 재미있게 할 수 있는 놀이를 소개합니다. 균형감각을 키우면서 아이들이 어렵다고 느끼지 않고 즐겁게 할 수 있는 놀이 입니다.

준비물	평균대, 매트
인원	2~6명
대형	자유
소요시간	3분 안팎

둘이서 걷기

01 둘이서 평균대 위에 올라간다.

02 같은 방향을 바라보고 뒷사람이 앞사람의 어깨를 잡는다.

03 함께 평균대를 앞으로 걸어갔다가 뒤로 걸어온다.

04 익숙해지면 서로 마주보고 양 손바닥을 댄다.

05 평균대 한 쪽 끝에서 다른 한 쪽 끝을 갔다가 다시 되돌아온다.

무궁화 꽃이 피었습니다.

01 그림처럼 평균대 4개를 준비한다.

02 술래를 정하고, 술래는 모아진 평균대 끝에 선 뒤, 뒤 돌아서 "무궁화 꽃이 피었습니다." 를 외친다.

03 다른 사람들은 4모둠으로 나누어 모둠별로 평균대를 정하고, 술래와 반대편 평균대 끝쪽 아래에서 기다린다.

04 술래가 "무궁화 꽃이 피었습니다."라고 말하는 동안 모둠은 한 명씩 평균대 위로 올라가서 정지 동작을 하며 점점 술래에게 다가단다.

05 술래가 뒤돌아보았을 때, 움직이거나 떨어지면 술래와 역할을 바꾸고 놀이는 계속 진행한다. 이때 처음 술래였던 사람은 그 모둠의 끝에 서서 놀이에 계속 참여하게 한다.

06 평균대 위의 사람이 무사히 술래에게 다가가 등을 치면, 술래는 등을 친 모둠을 제외한 다른 평균대 모둠을 치러 간다.

07 도망가는 길에 평균대에서 떨어지거나 술래에게 치이면 술래가 된다(떨어진 사람이 많으면 가위바위보로 술래를 정한다).

부활 지렁이 가위바위보(52번 놀이 참고)

01 '부활 지렁이 가위바위보' 달리는 길 사이사이에 평균대를 4개 정도 설치한다.

02 이후는 '부활 지렁이 가위바위보'와 같다.

03 다만 만약 평균대 위에서 지면 평균대 아래로 내려와 부활을 기다리고, 부활이 되면 평균

대 아래쪽에서 자기편을 향해 달려가도록 한다.

04 가위바위보를 하러 가는 중에 평균대에서 떨어지면 그 사람은 지게 되고, 다른 편은 계속 앞으로 가면된다.

주의사항

- 평균대에서 뒤로 걸어 갈 때는 한쪽 발로 평균대 옆을 스치면서 천천히 갈 수 있도록 지도합니다.
- '무궁화 꽃이 피었습니다'에서 안전상 교사가 처음에 술래를 하는 것이 좋습니다.
- 술래의 등을 칠 때는 술래를 밀어서 평균대에서 떨어지는 경우가 없도록 합니다.
- 너무 서둘러서 평균대에서 떨어져 다치는 일이 없도록 합니다.

둘이서 부활지렁이 가위바위보(52번 놀이 참고)

둘이서 '부활지렁이 가위바위보'를 할 때는 평균대 위에서 어깨를 기차처럼 어깨를 잡고 건너가도록 합니다.

걸어서 이동하기

평균대에서 '무궁화 꽃이 피었습니다'를 할 때는 처음에는 뛰는 것보다 걸어서 놀이를 할 수 있도록 지도해야 합니다. 만약 평균대 위에서 뛰면 술래가 되는 규칙을 만들고 놀이를 하면 안전하게 놀이를 할 수 있습니다.

42 철봉 놀이 I (통닭 외)

철봉을 하면서 팔 힘을 기를 수 있는 놀이로 '매달리기, 통닭'을 소개하고자 합니다. 단순한 매달리기가 지루하거나 어려움을 느끼는 것과 다르게 팔 힘을 기르면서 성취감과 재미도 줄 수 있는 놀이입니다.

준비물 | 여러 높이의 철봉 여러 개

인원 | 제한 없음

대형 | 철봉에 1~2명

소요시간 | 1분 안팎

매달리기

01 철봉 아래에 서고 어깨만큼 넓이로 손을 뻗어 철봉을 잡고 매달린다.

02 30초 동안 매달린다. 떨어지더라도 반드시 다시 매달리도록 한다.

03 떨어진 시간을 포함해서 30초가 지나면 내려오도록 한다.

04 시간을 점차 늘려 1분까지 할 수 있도록 한다.

통닭

01 철봉 아래에 서고 양손으로 철봉을 잡는다.

02 뛰어 올라 두 다리를 철봉에 걸고 1분간 매달린다.

03 떨어지더라도 반드시 다시 매달리도록 한다.

04 떨어진 시간을 포함해서 1분이 지나면 내려오도록 한다.

주의사항

- 통닭에서 힘이 부쳐 땅에 떨어질 때는 반드시 다리를 먼저 풀어서 내리도록 합니다.
- 통닭에서 뛰어 올라 두 다리를 철봉에 걸때 모래가 다른 사람에게 튀지 않도록 주의합니다.

늘임봉 매달리기

철봉에서 매달리기를 하기 전에 늘임봉에서 매달리는 것을 하는 것이 좋습니다. 철봉보다 무서움을 덜 느낄 뿐 아니라 팔과 다리로 늘임봉을 감싸기 때문에 팔에 들어가는 힘이 철봉보다 적어 오랫동안 매달릴 수 있기 때문입니다. 늘임봉 2개를 이용해서 두 팔을 벌려 매달리는 방법도 있는데, 이 경우 힘이 많이 필요합니다.

꽈배기

2명이 마주선 채 철봉을 두 손으로 잡고 매달립니다. 시작 신호와 함께 자신의 다리로 상대방의 몸을 감싸서 상대방을 먼저 땅으로 떨어뜨리는 놀이입니다. 이때 상대방을 떨어뜨리기 위해 몸을 흔들거나 발로 차게 되면 위험하므로 다리로 상대방 몸을 감싸기만 하도록 합니다. 오랫동안 철봉에 매달리기 때문에 팔 힘도 더 기를 수 있게 됩니다.

43 철봉 놀이 2 (철봉 가위바위보)

팔 힘이 어느 정도 세지면 철봉에서 다양한 놀이를 할 수 있게 됩니다. 그 중 편을 이루어 함께 할 수 있는 놀이가 '철봉 가위바위보'입니다. 철봉에 매달려 발로 가위바위보를 하는 놀이입니다.

준비물	여러 높이의 철봉 여러 개
인원	제한 없음
대형	양 편이 철봉에 1줄 서기
소요시간	3분 안팎

철봉 가위바위보

01 두 편으로 나누어 철봉 아래에 한 줄씩 서고 순서를 정한다.

02 각 편의 제일 앞 사람이 먼저 철봉에 매달려 마주본다.

03 '가위바위보'를 외치며 발로 '가위바위보'를 한다.

04 진 사람은 계속 매달리고, 이긴 사람은 내려와 자기 모둠 제일 뒤로 가서 선다.

05 이긴 편의 다음 사람이 다시 철봉에 매달리고 다시 '가위바위보'를 한다.

06 같은 방식으로 계속 하다가 힘에 부쳐 떨어지는 사람이 나오는 편이 지게 된다.

주의사항

- 동작을 분명하게 하도록 합니다.
- 가위바위보를 할 때 발로 상대방이 닿지 않도록 조심합니다.

흑기사

가위바위보에서 계속 지게 되면 오랫동안 혼자서 철봉에 매달리게 됩니다. 그래서 힘이 부쳐 떨어질 것 같은 경우에, '흑기사'를 외치면 자기편에서 곧장 다음 사람이 나와서 대신 철봉에 매달려 '가위바위보'를 합니다. 단, 흑기사는 각 편마다 1번만 할 수 있도록 합니다.

44 철봉 놀이 3 (허수아비)

허수아비는 예전에 여러 지역에서 많이 해오던 추억 놀이입니다. 철봉에 매달려 흔들어 내리면서 친구들을 움직이지 못하게 하거나 다시 철봉으로 돌아오지 못하게 하는 놀이로 최근에는 모 프로그램을 통해서도 추억의 놀이로 소개가 되었습니다. 지역마다 조금씩 다르지만 가장 간단한 방식으로 소개하고자 합니다.

놀이계획

준비물	철봉
인원	4~6명
대형	자유대형
소요시간	5분 안팎

01 가위바위보로 시작 순서를 정한다.

02 1번 사람이 먼저 출발선에서 뛰어 올라 철봉에 매달려 흔들다가 착지선 밖으로 뛰어 내린다.

03 2번, 3번 사람도 차례대로 철봉에 매달려 흔들다 뛰어 내린다. 뛰어 내리는 순간 얼음이 된다.

04 차례대로 모두 뛰어 내리면 다시 1번부터 착지선에서 다시 뛰어 올라 철봉에 매달려 흔들다가 출발선 밖으로 뛰어 내린다.

05 단 돌아갈 때는 첫 번째 발을 움직일 때 "허", 두 번째 발을 움직일 때 "수"라고 외치고, 철봉에 매달릴 때 "아", 출발선 밖으로 착지하면서 "비"를 외친다.

06 다른 사람들도 번호 순서대로 되돌아간다.

07 되돌아 간 순서대로 다시 처음부터 놀이에 참여하되, 아웃된 사람은 아웃된 차례대로 맨 뒷 번호가 된다(예: 5명이 놀이 참여할 경우, 1번과 2번이 되돌아 왔고, 3번이 처음 아웃되고, 4번이 두 번째로 아웃이 되고, 5번이 살아 돌아오게 되면, 다음 놀이에서는 5번이 3번이 되고, 4번은 두 번째로 아웃되었기 때문에 그대로 4번이 되고, 3번은 처음에 아웃되었기 때문에 5번이 된다).

08 **아웃이 되는 경우**

출발선이나 착지선을 밟는 경우

철봉을 잡다가 놓치는 경우

놀이 중 얼음이 된 다른 사람의 몸에 닿는 경우

돌아 갈 때 "허수아비" 순서대로 하지 못할 경우(예 : "허"와 "수"를 하려면 결국 두 발짝만 움직이고 점프해서 "아"를 해야 되는데 두 발짝 이상 움직이거나 한 발짝만 움직일 경우)

주의사항

- 1번부터 시작해서 순서대로 출발하고 도착합니다.
- 처음에는 전략을 알려주기보다 일단 기본 놀이 방법을 익힐 수 있도록 지도합니다.
- 철봉이 너무 높을 때는 키가 작은 아이들은 출발선을 밟을 수 있도록 허용합니다.
- 돌아올 때는 반드시 출발선을 넘어야지 옆선으로 가면 아웃이 됩니다.

전략 생각하기 1(얼음 활용)

처음에 철봉에 매달려 착지하는 순간 이미 얼음 된 사람을 공격하기 위해서 착지와 동시에 팔로 얼음인 사람의 신체 부위를 감싸도록 합니다. 예로 1번이 먼저 뛰어 내려서 얼음이 되어 있으면, 2번이 1번을 피해서 착지하면서 1번의 한 쪽 다리를 감싸는 것입니다. 이때 만약 1번의 몸에 손이 닿으면 2번은 아웃이 됩니다. 1번은 돌아갈 때 2번의 손에 닿지 않게 발을 빼면서 "허수아비"를 순서대로 외치면서 돌아가야 합니다. 만약 2번의 손에 닿으면 1번이 아웃이 됩니다.

전략 생각하기 2(허수아비 만들기)

1번의 경우 집중 공격을 당할 수 있기 때문에, 처음에 뛰어내릴 때 최대한 도착선에 가깝게 뛰어내리면서 동시에 몸을 180도로 돌려 착지하는 것이 좋습니다. 그래야 다시 되돌아가기 쉽습니다. 또한 착지와 동시에 허수아비처럼 팔을 최대한 벌리면 다음 사람들은 철봉에 매달려 뛰어 내릴 때 1등의 몸에 닿지 않기 위해 노력하게 되고, 그 바람에 1번을 공격하기 어려워집니다. 보통 그래서 2번도 1번을 도와 1번과 같은 방식으로 뛰어 내려 착지선 주변을 막게 됩니다. 이렇게 되면 3, 4번은 착지선 옆으로 가기도 합니다. 이 경우 허용하도록 합니다.

전략 생각하기 3(돌아가는 길 막기)

차례가 뒷 번호인 사람들은 착지하기도 힘들게 됩니다. 하지만 조금이라도 빈 공간이 보이면 다른 사람들을 감싸안는 자세보다는 철봉을 잡지 못하도록 가는 길을 손을 벌리거나 다리를 벌려 막는 것이 좋습니다.

4발 뛰기 허수아비

처음 착지 할 때는 한 발로 합니다. 그리고 발을 번갈아 가며 세 발짝을 더 갑니다. 따라서 모두 네 발짝 이동하게 되는 것입니다. 돌아갈 때도 두 발짝이 아닌 네 발짝을 움직일 수 있습니다. 이 경우 네 발짝을 움직이면서 "허수아비"를 외칩니다. 철봉에 매달리고 착지할 때는 말을 하지 않습니다. 어쩌면 이 방식이 가장 많이 전해 내려오는 방식이지만 학교 모래사장의 철봉에서는 기본적으로 소개한 방식이 활용하기 더 좋습니다.

방 구 뽕!

모둠이 함께 뜀틀 놀이를 대신해서 할 수 있는 놀이입니다. 뜀틀을 하기 전에 사람이 뜀틀이 되어 넘어가는 활동을 통해 뜀틀에 대한 자신감을 갖게 할 수 있습니다. 놀이 제목이 재미있고 엉덩이를 밀치는 놀이라서, 아이들이 은근히 좋아합니다. 또한 아이들이 도전을 즐길 수 있는 놀이입니다.

놀이계획

준비물	지름 30~50cm 이내의 원
인원	5~6인 1모둠
대형	없음
소요시간	10분 안팎

01 가위바위보로 술래를 한 명을 정하고 나머지는 넘는 순서를 번호로 정한다.
02 술래는 작은 원안에 들어가 발목을 잡고 몸을 숙인다.
03 1번부터 달려가 술래의 등에 두 손을 대고 넘어 간다.
04 모둠발로 착지를 하면서 "방"이라고 외친다.
05 모둠발로 점프하여 술래의 엉덩이 쪽으로 한번만 이동하면서 "구"라고 외친다.
06 자신의 엉덩이로 술래의 엉덩이를 밀치며 "뽕"이라고 외친다.
07 이때, 술래가 원 밖으로 튕겨져 나가면 술래는 다시 원 안으로 들어와 발목을 잡고 몸을 숙인다.
08 2번이 같은 방식으로 넘어가서 엉덩이로 밀치고, 만약 술래가 원 안에서 버티면 엉덩이를 밀치던 사람이 술래가 된다.

주의사항

- "방" 하면서 모둠발로 착지하지 못하고 짝발로 착지하면 "구"까지 한 것으로 간주합니다.
- "뽕"에서 술래의 엉덩이를 밀치지 못하고 다른 신체 부위를 밀치면 술래가 됩니다.
- 등을 집고 넘어가다가 술래의 신체와 몸이 닿으면 술래가 됩니다.

높이 조절하기

아이들끼리 높이를 1단계부터 3단계까지 스스로 조절하도록 하는 것이 좋습니다. 이 경우 넘는 것이 두려운 아이들도 넘을 자신이 생기게 됩니다. 단, 모둠 전체가 술래를 넘어갔을 때까지도 술래가 바뀌지 않으면, 술래는 높이 조절을 거부할 수 있습니다.

편 이루기

3~5명이 한 모둠을 이루고 다른 모둠과 대결하도록 합니다. 이때 넘어가는 모둠이 공격, 엎드리는 모둠이 술래가 됩니다. 술래 모둠은 반드시 차례를 정해 돌아가면서 원 안에 엎드려야 하고, 공격 모둠도 차례대로 정해 넘어가야 합니다. 즉 술래 모둠 1번이 엎드리면 공격 모둠 1번이 넘어가고, 술래 모둠 2번이 엎드리면 공격 모둠 2번이 엎드리는 것입니다. 따라서 처음에 순서를 상대에게 미리 알리지 않아야 재미가 있습니다.

공수의 교대는 2명이 원 밖으로 나가거나 3명이 원 밖으로 나갈 때, 교대하는 것으로 하되 아이들이 정하게 하는 것도 좋습니다.

뜀틀 수업

뜀틀은 아이들이 가장 무서워하면서도 좋아하는 수업 중 하나입니다. 넘는 두려움이 있지만 넘었을 때의 성취감은 다른 무엇과도 바꿀 수 없음을 느끼곤 합니다. 그래서 뜀틀 수업에서 중요한 것은 내가 뜀틀을 넘을 때 '안전하다'는 마음이 들도록 하는 것입니다.

그래서 이런 놀이와 더불어 뜀틀 1~3단계를 그냥 발로 밟고 넘어가기, 뜀틀 4~6단계를 말처럼 올라타기 등을 통해 안전함을 느끼게 하고 자신감을 갖도록 하는 것이 뜀틀 수업에서 가장 중요한 것이라 생각합니다.

Work Book

46 신발 멀리 던지기

아이들과 함께 운동장이나 체육관에서 한 줄로 길게 서서 반쯤 벗은 신발을 앞으로 힘껏 던지는 놀이입니다. 너무 멀리 던질 생각에 힘을 주다 보면 신발이 높이 뜨거나 뒤로 날아가기도 합니다. 아이들의 신체 기능을 향상시키고 조정력과 공간 감각을 키워줍니다.

준비물 | 접시콘, 50m 줄 자, 운동화나 슬리퍼

인원 | 학급 전체를 5~6모둠으로(4~5명이 한 모둠)

대형 | 출발선에 모둠별로 한 줄로 서기

소요시간 | 10분 안팎

01 아이들에게 신발을 반쯤 벗고는 출발선 뒤로 2~3m 떨어져 모둠별로 한 줄로 서게 한다.

02 '시작!' 신호와 함께 모둠별로 한 사람씩 적당히 도움닫기 해서 출발선을 넘지 않고 반쯤 벗고 있던 신발을 앞으로 휙 차서 던진다.

03 신발을 던진 사람은 한 발로 뛰어가서 자신의 기록을 확인하고 얼른 신발을 신고 돌아온다.

04 이어서 다음 주자가 시작 신호에 신발 멀리 던지기를 한다. 이런 식으로 몇 번 연습을 하게 한 뒤 실제 놀이에서는 3차 시기까지 기록을 재며 이 가운데 가장 멀리 간 것을 자신의 최고기록으로 한다.

05 모둠별로 각 모둠원의 최고 기록을 더한 것을 모둠 기록으로 하고 더한 기록이 가장 좋은 모둠이 이긴다.

주의사항

- 신발을 차서 던질 때 각도를 생각하지 않고 차서 던지면 그냥 높이 솟아올라 출발선 가까이 떨어지게 됩니다.
- 신발을 던질 때 너무 힘을 주지 않도록 합니다.
- 50m 줄자를 가운데에 길게 펼쳐두면 기록을 대략 확인하기 쉽습니다.

도움닫기 하기, 던지는 각도 생각하기

신발을 멀리 던지기 위해서 도움닫기나 던지는 각도를 생각하며 던지도록 합니다.

남녀 따로 우승자 가리기

남자(여자)끼리 한 줄로 세운 뒤, 한 사람씩 차례대로 던지기해서 가장 멀리 신발을 차서 던진 사람차례로 순위를 매겨도 됩니다.

던진 신발 신고오기 모둠별 릴레이

물론 멀리 던지면 좋겠지만, 멀리 차서 던지지 못했다 하더라도 서로 얼마나 멀리 던졌는지 확인한 뒤 차례대로 한 발로 뛰어가서 자기 신발을 찾아 신은 뒤 재빨리 출발선으로 돌아와 모둠의 다음주자와 터치해서 릴레이로 연결해도 좋습니다. 그리고 등수를 떠나서 협력해서 해 내었을 때 긍정적인 피드백을 해주면 좋습니다. 모둠별로 다 같이 손을 잡고 깽깽이로 신고 돌아오라고 해도 재밌습니다. 한 사람 한 사람 차례대로 서로의 신발을 찾으러 갈 때 힘이 들더라도 꼭 손을 잡고 하도록 이야기 해 주세요.

체육관에서 실내화로 하기

체육관에서 실내화로 하면 실내화가 비슷비슷해서 찾기 힘들어하는 모습이 더 재미있습니다.

신발 과녁 넣기

운동장이나 체육관에서 별다른 도구 없이 아이들과 신발로 할 수 있는 즐거운 놀이로 한쪽 신발을 반쯤 벗은 채 힘껏 차 던져서 과녁에 넣는 놀이입니다.

놀이계획

준비물	물뿌리개 또는 라인기
인원	4~5명이 한 모둠
대형	출발선에 모둠별로 한 줄로 서기
소요시간	10분 안팎

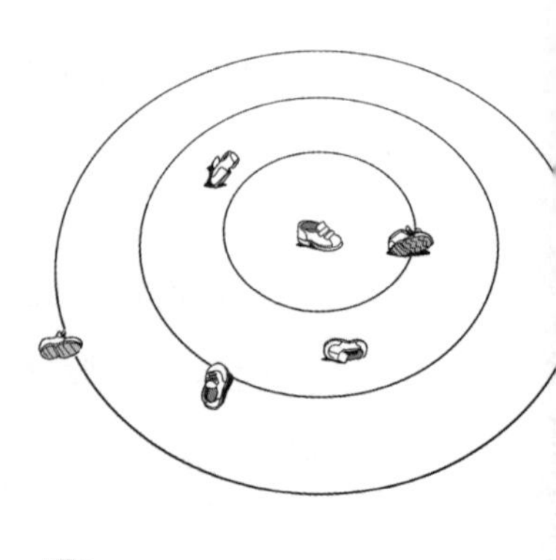

01 모둠별로 신발 던질 차례를 정해 한 줄로 앉는다.

02 경기장은 출발선에서 5m 정도 떨어진 곳에 지름 1m, 2m, 3m 크기의 원을 물뿌리개를 써서 그린다.

03 "발사!" 신호와 함께 첫 번째 모둠원은 신고 있던 한쪽 신발을 반쯤 벗어 발가락 부분에 걸치고 있다가 도움닫기를 조금 해서 원안에 차 던져 넣게 한다.

04 신발이 가장 가운데 원에 들어가면 100점, 두 번째 원에 들어가면 70점, 세 번째 원에 들어가면 50점을 얻는다.

05 이런 식으로 마지막 모둠원까지 신발을 던진 결과 얻은 점수를 더해 승부를 정한다.

주의사항

- 높은 점수를 얻지 못했더라도 서로 격려하고 응원하면서 놀이에 참여하게 합니다.
- 모둠별로 등수를 따지기보다는 좋은 결과를 얻도록 노력하게 해줍니다.

연습 시간을 충분히 주기

거리 감각을 익힐 수 있도록 충분히 연습할 시간을 준 뒤에 실제 놀이를 해 봅니다.

과녁의 크기 조절하기

학년에 따라서 출발선과 과녁과의 거리를 조절하거나, 과녁 크기를 더 크게 하거나 과녁을 더 많이 그려두어도 좋습니다.

3차시기까지 도전기회 주기

한 번의 기회만 주는 것 보다, 모둠원이 모두 1차 시기가 끝나면 얼른 다시 신발을 신고 와서 2차 시기, 3차 시기까지 기회를 줍니다. 그리고 모둠별로 3차 시기까지 더한 점수로 승부를 가립니다.

신발 신고오기 릴레이

1차 시기가 끝나면 모둠별로 신발 신고오기 릴레이를 해도 좋습니다. 신으러 갈 때는 한 발로 뛰어가서 신고 올 때는 두 발로 뛰어와 릴레이 합니다.

양동이 속에 던져 넣기

과녁 대신 양동이나 광주리 같은 것을 한두 개 가져다 놓고 해도 됩니다. 양동이가 좁아서 넣기 힘들지만 도전하고 싶은 마음이 더 들게 합니다.

콩주머니 던져 넣기, 공 굴려 넣기

콩주머니를 다섯 개씩 나눠주고 던져 넣기 하거나, 공을 한 개씩 주고 과녁에 굴려넣기 해 보아도 재밌습니다.

경쟁요소 없애기

많은 점수를 얻는 것보다, 목표점수를 정해놓고 그 점수에 가까운 결과를 얻도록 합니다.

신발 찾기 릴레이

아이들과 신발로 할 수 있는 즐거운 놀이로 신발을 벗어 놓고 와서 다시 빨리 찾아 신고 오는 릴레이 놀이이며, 다리의 근력과 조정력을 길러줍니다.

준비물	접시콘, 훌라후프, 배턴
인원	학급 전체를 5~6모둠(4~5명이 한 모둠)
대형	출발선에 모둠별로 한 줄로 서기
소요시간	10분 안팎

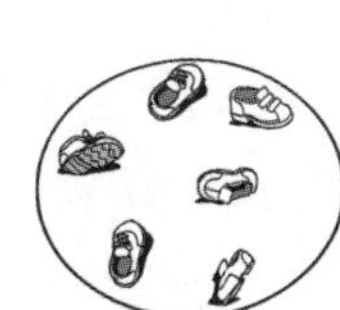

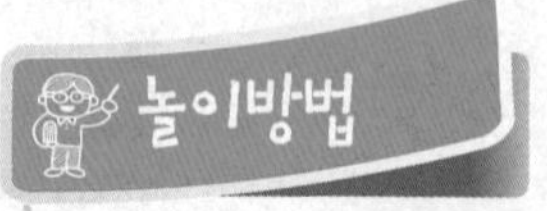

01 모둠별로 뛸 차례를 정해 한 줄로 앉는다.

02 '출발' 신호와 함께 첫 주자들은 원이 그려진 곳까지 뛰어가서 원 안에 신발 한 짝을 벗어 놓고는 한 발로 뛰어서 출발선으로 되돌아와 다음 주자에게 배턴을 이어준다.

03 다음 주자에게 배턴을 이어주고 나서는 모둠의 맨 뒤에 가서 선다.

04 이런 식으로 마지막 주자까지 돌아오면 다시 처음 주자가 한 발로 뛰어가서 자기 신발을 찾아 신고 양발로 뛰어서 돌아온다.

05 이런 방식으로 마지막 주자까지 모두 들어오면 미션 성공이다.

주의사항

- 만약 신발이 원안에 들어가 있지 않으면 돌아가서 다시 잘 넣도록 합니다.
- 신발을 신고 돌아올 때는 꼭 완전히 신어야만 돌아올 수 있습니다.
- 릴레이를 할 때는 등수를 따지기보다는 아이들에게 모둠별로 주어진 미션을 힘을 모아 해내려고 노력하고, 규칙을 지켜가며 하도록 이야기 해줍니다.

신발 던져 넣고 찾기 릴레이

먼저, 원의 1~2m 앞에 가로로 길게 선을 그려둡니다. "출발" 신호에 출발선에서 출발한 뒤 원 앞에 있는 선에 멈춰서서 한 쪽 신발을 반쯤 벗은 뒤 발로 던져서 원안에 넣어야 합니다. 만약 신발을 원안에 던져 넣지 못하면 얼른 다시 신고 와서 던져 넣어야 합니다. 이런 방법으로 던져 넣고 모둠원이 모두 릴레이해서 돌아 왔으면, 이번에는 한 발로 뛰어가서 다시 자기 신발을 찾아 신고 오는 릴레이로 마무리 하면 됩니다.

두 사람씩 손잡고 하기

신발 찾기 릴레이를 두 사람씩 손을 잡고 해보면 복잡하긴 하지만 배려하고 협동하는 마음을 키울 수 있습니다.

모둠원 모두 손잡고 하기

마지막에는 모둠원 모두 함께 해봅니다. 모둠원 모두가 성공할 때까지 손을 잡고 있어야 하지만 성공할 때까지 서로 응원하고 함께하는 데서 큰 힘을 얻을 수 있습니다.

신발 뻥 차기

원 안에 모여 있던 신발을 신고 돌아올 때, 원 안에 있는 신발들을 발로 뻥 차서 멀리 보낼 수도 있습니다. 다른 사람에게 멀리 보내버린 신발을 찾으러 가야 하는 어려움을 주기도 하지만, 신발을 멀리 보내려다가 시간이 지체될 수 있습니다.

체육관에서 실내화로 하기

체육관에서 모두 실내화를 신고 해봐도 재밌습니다. 실내화 모양이 비슷해서 자기 신발을 찾는데 어려움이 있지만 그래서 더 즐거운 기분이 듭니다.

양동이 속 신발

원이나 훌라후프 대신에 양동이를 한두 개 가져다 놓고 해도 됩니다. 양동이가 좁아서 마지막엔 신발이 넘치기도 합니다. 신발을 모두 양동이에 넣었을 때 선생님이 양동이를 들고 신발을 모두 흩어 뿌려놓은 뒤, 자기 신발을 찾아 신고 돌아오게 해도 됩니다.

Work Book

49 왕이 던진 신발

어렸을 때 정말 많이 하던 놀이를 조금 변형한 것입니다. 돌을 던져서 하던 놀이인데 돌 대신 신발로 바꾼 놀이입니다. 운동장에 아래처럼 그림을 그리고 신발을 던져 왕을 뽑고 난 뒤, 왕이 친구들의 신발을 던지면 자기 신발을 찾아 빨리 신고 각자 정해진 목표점까지 달려갔다가 왕에게 다시 오는 놀이입니다.

준비물	놀이판 그림, 나무막대 또는 물뿌리개
인원	4~8인 1모둠
대형	신발 던지는 선에 서기
소요시간	10분 안팎

01 운동장에 놀이판 그림을 그린다(학교 운동장 형편에 맞게 내용을 그림판 쓴다).

02 나란히 선에 서서 자기의 신발 한 짝을 벗어 손에 들고 원의 왕을 향해 던진다.

03 신발이 들어간 곳이 달려갈 곳(목표)이 된다. 만약 왕에 들어가면 왕이 되고, 미끄럼틀에 들어가면 미끄럼틀이 된다.

04 신발이 원에 벗어나면 한 번 더 던질 기회를 주고 그래도 실패하면 가장 먼 곳이 자기가 달려갈 곳이 된다.

05 왕이 뽑히면 다른 사람은 다시 신발을 던졌던 선에 나란히 서고 왕은 원과 둘레에 있는 신발을 줍는다.

06 왕은 어느 방향이던지 원에서 최고 20발자국을 맘대로 걸어가서 신발을 멀리 마음껏 던진다.

07 신발을 던진 뒤 왕이 "출발" 신호를 보내면 선에 서있던 사람들은 자기 신발까지 달려가서 신발을 신고, 자기가 가야하는 곳(신발이 들어간 원의 이름이 가리키는 곳)에 가서 터치를 하고 다시 왕에게 돌아와 줄을 선다.

08 모두 다시 신발을 던졌던 선으로 돌아와 왕부터 차례대로 신발을 던진다.

주의사항

- 놀이판에서 신발이 2개 이상의 장소와 겹치면, 신발의 면적이 더 많이 들어간 쪽을 선택하도록 합니다.
- 2명 이상이 놀이판에서 '왕'에 신발이 걸치거나 안에 들어가면 중심점에 가까운 사람이 왕이 됩니다. 때로는 2명이 왕이 될 수도 있습니다.
- 신발을 던진 왕은 그 자리에서 서 있도록 합니다.
- 노력하고, 규칙을 지켜가며 하도록 이야기 해줍니다.

선생님 움직이기

놀이판 안에 '선생님'이 걸린 아이들이 선생님에게 달려오면 선생님은 움직여서 쫓아오도록 합니다. 선생님을 잡는 재미가 아이들에게는 좋은 추억을 주게 됩니다.

왕 움직이기

신발을 던진 왕은 그 자리에 서 있었지만 왕 또한 움직여서 도망갈 수 있도록 합니다. 그러면 모든 사람이 마지막에는 왕을 쫓아가 잡게 됩니다. 이 경우 왕은 반드시 운동장 안에서만 도망을 가게 하도록 하고, 놀이기구나 다른 반 수업하는 데는 갈 수 없게 합니다. 또한 왕이 첫 번째 사람에게 잡히면 '얼음'이 되어 더 이상 도망갈 수 없고 다른 사람들은 차례로 왕에게 도착하여 줄을 서면됩니다.

간단한 놀이판 만들기

운동장에 놀이판을 그리고 그 안에 일일이 내용을 글씨로 쓰는 것은 그리 쉽지 않습니다. 그래서 글씨 대신에 숫자를 이용하면 좋습니다. 단, 숫자를 쓸 때 아래 그림처럼 사전에 숫자가 가리키는 장소를 미리 정해야 합니다.

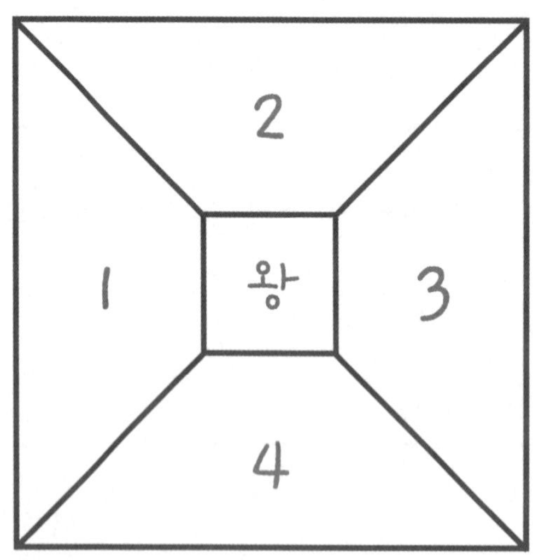

Work Book

50 얼음! 빗자루 I

'얼음! 빗자루'의 본래 놀이 이름은 Ice Flag입니다. 우리가 잘 알고 있는 '얼음! 땡!' 놀이와 상대편 공간으로 넘어가서 깃발을 빼앗아서 점수를 획득하는 방법이 합쳐져 있습니다. 이 놀이를 편리하게 만들고 새로운 규칙을 더해서 지금의 얼음! 빗자루 놀이가 되었습니다.

준비물 | 빗자루 2개, 원통형 우산꽂이함 2개, 라인기(접시콘)

인원 | 30명 기준, 학급 전체 두 편

대형 | 가로 20m, 세로 10m의 사각 게임장

소요시간 | 20분 안팎

01 같은 편 내에서 공격, 수비(골키퍼 3명 포함) 역할을 비슷한 수로 나눈다.

02 선생님의 시작 신호와 함께 공격 역할은 중앙선을 넘어서 상대편 공간으로 넘어간다.

03 상대편이 치려고 하면 "얼음!"을 외치고 제자리에 선다. 같은 편이 "땡!"을 해주면 다시 움직일 수 있다.

04 공격 역할은 상대편 공간으로 넘어가서 깃발을 뽑는 역할을 하고, 수비 역할은 우리 편 깃발을 지키기 위해서 우리 편 공간으로 넘어오는 상대편을 치거나 깃발을 지키고 상대편 공간에서 얼음이 된 우리 편을 "땡!"을 해준다.

05 상대편 공간에서 "얼음!"을 외치기 전에 치이면 우리 편 공간에 있는 감옥으로 간다.

06 상대편에게 치이지 않고 빗자루를 뽑으면 1점이 올라간다. 점수를 획득하면 자신의 공간으로 돌아가서 양편 모두 공격과 수비 역할을 바꿔서 다시 시작한다.

주의사항

- 수비가 빗자루가 있는 골 안쪽 선으로 들어가지 않도록 합니다.
- 상대편을 칠 때는 상대가 아프지 않도록 합니다.
- 우리편 공간에서는 공격, 수비 역할을 맡은 모두가 상대편을 칠 수 있습니다.

골키퍼 수 조절하기

점수가 게임 진행에 비해 많이 나지 않으면 골키퍼 인원수를 줄여서 틈을 만들어줍니다.

감옥에서 탈출하기

감옥에는 경기가 마칠 때까지 잡아두지만, 포로 3명이 모이면 손을 모아서 "하나 둘 셋 탈출!"을 외치고 나오게 하면 박진감이 더해집니다.

공격과 수비를 남, 여로 하기

같은 편 내에서 공격은 남자, 수비는 여자, 그 다음에는 여자가 공격, 남자가 수비로 점수가 날 때마다 역할을 바꿔가면서 합니다.

전략 회의하기

작전회의 시간을 주어서 빗자루를 잘 뽑고 지킬 수 있는 방법과 협력 방법을 의논하면 한층 노련한 작전으로 흥미진진해집니다.

'쨍그랑!'으로 탈출하기

게임에 익숙해졌다면 '쨍그랑!' 규칙을 넣어봅니다. '쨍그랑!'은 상대편 공간에서 "얼음!" 했을 때 옆에 있는 우리 편 얼음이 된 사람에게 살금살금 다가가서 몸을 부딪치며 "쨍그랑!" 외치는 것입니다. 그러면 자동으로 얼음에서 풀려납니다. 물론 움직이다가 상대편에게 치이면 감옥으로 갑니다.

얼음! 빗자루2

육지와 바다 양방향 공격과 수비로 더욱 흥미로워 진 '얼음! 빗자루2'입니다. 바다로 나가기 위한 항구가 있고 바다에서는 한발로 뛰면서 다닙니다. 양 방향 공격으로 더욱 다양한 작전을 펼칠 수 있습니다.

준비물	빗자루 2개, 원통형 우산꽂이함 2개, 훌라우프 2개, 라인기(접시콘)
인원	30명 기준, 학급 전체 두 편
대형	가로 20m, 세로 10m의 게임장
소요시간	20분 안팎

01 감옥 반대쪽에 훌라후프를 놓는다. 밖으로 나가고 들어올 수 있는 항구이다.

02 바다(밖)에서는 한 발로 뛰어다니며 공격과 수비를 할 수 있다.

03 바다(밖)에서 '얼음!'을 하면 두 발로 땅을 딛고 '땡!'을 기다린다.

04 육지에 있는 수비가 바다에 있는 상대편을 치기를 할 수 있다.

05 골키퍼 역할을 하는 사람은 원을 돌며 빗자루를 지킨다.

주의사항

- 바다에서 한 발로 뛰다가 힘들면 발을 바꿀 수 있도록 합니다. 그렇다고 자주 바꿀 수 없습니다.

수비도 공격에 참여하기

공격을 나갔던 팀원이 감옥에 갇히거나 얼음이 되어 공격하는 사람 수가 줄면 수비도 공격에 참여할 수 있도록 합니다.

부심 두기

주심은 중앙선에서 교사가 하고, 부심으로 각 편에서 한 사람씩 뽑습니다. 워낙 공격이 빠르게 진행되다보니 빗자루를 뽑는 순간 수비하는 사람에게 채였는지 본인이 모를 수 있기 때문에 부심을 두는 것이 좋습니다.

'짱그랑' 기능은 빼기

양방향 공격으로 정신이 없을 수 있기 때문에 '짱그랑' 규칙은 빼는 것이 좋습니다.

잡아끌기

육지에 있는 수비가 바다에 있는 상대편을 게임장 안쪽으로 끌어당길 수 있게 한다.

Work Book

52

부활 지렁이 가위바위보

부활 지렁이 가위바위보는 기존의 달팽이 놀이를 좀 더 쉽게 하기 위해 만든 '지렁이 가위바위보' 놀이에서 '부활'의 재미를 넣은 놀이입니다. 단순히 가위바위보 하면서 달리는 놀이에 그치지 않고 친구를 부활해주고 또한 친구를 도움을 기다리는 애틋한 모습을 볼 수 있는 재미있는 놀이입니다. 또한 2명이 짝을 이루어 변형하면 또 다른 재미도 느낄 수 있습니다.

준비물	지렁이 모양의 선(길이 20~30m), 물뿌리개 혹은 라인기
인원	두 개의 편(여자 대 남자 가능)
대형	지렁이 끝에 일렬로 앉아 있기(한쪽이 남자면 다른 한쪽은 여자)
소요시간	15분 안팎

01 지렁이 모양 양 끝에 남녀가 나누어 일렬로 앉는다.

02 남여 각 첫 번째 사람이 지렁이 선을 따라 양쪽에서 달려오다 만나면 가위바위보를 한다.

03 이긴 사람(예–여자)은 계속 상대편 지렁이 꼬리로 선을 따라 달리고, 진사람(예 : 남자)은 바로 그 선 옆에 앉는다(달려오는 사람들과 부딪히지 않게 선에서 조금 떨어져 앉는다).

04 이때 진 편(남자)에서는 재빨리 다음 사람이 지렁이 선을 따라 앞으로 달려 나간다.

05 서로 달려와 만나면 다시 가위바위보를 하면서 같은 방식으로 진행한다.

06 이런 식으로 해서 상대편 지렁이 꼬리에 먼저 가는 편이 이긴다.

07 이때, 앞으로 달려 나가다가 자기편이 앉아 있는 곳을 지나치게 되면 "부활!"을 외치면서 손으로 자기편 어깨를 살짝 쳐준다.

08 앉아 있던 사람은 자기편이 "부활!"을 해주면 재빨리 "살았다!"를 외치면서 자기편 지렁이 꼬리 가장 뒤에 가서 줄 맞추어 앉고 자기 차례를 기다린다.

09 이와 같은 방식으로 놀이를 계속 진행한다.

주의사항

- 지렁이 선에서 벗어나 달리지 않도록 합니다.
- 부활한 사람은 지렁이 선을 완전히 벗어나서 자기편 지렁이 꼬리로 가도록 합니다.
- 앉아 있는 사람들이 자기 편 꼬리 쪽으로 미리 조금씩 이동하지 않도록 합니다.노력하고, 규칙을 지켜가며 하도록 이야기 해줍니다.

둘이서 하기

같은 방식으로 하되 둘이서 짝을 이루어 손을 잡고 지렁이 선을 따라 달려가도록 합니다. 즉 2인 1조 놀이가 됩니다. 학급 인원수가 많거나 두 개의 학급이 함께 하면 좋은 놀이 변형입니다. 더불어 혼자 앉아 있을 때와 달리 둘이서 서로 이야기도 하고 땅 놀이도 하면서 심심하지 않게 부활을 기다릴 수 있습니다. 정인숙 선생님께 배운 아이디어입니다.

앉아 있는 사람 이동하기

상대편 꼬리에 가까이 가게 된 사람은 부활을 하기 힘들게 됩니다. 결국 마지막에 놀이가 끝날 무렵에나 부활을 하게 됩니다. 그래서 자기편이 가위바위보에서 이기는 순간 다시 상대편과 가위바위보 하기 전까지 앉아서 지렁이 선을 따라 자기편 꼬리 쪽으로 이동을 할 수 있도록 합니다. 그렇게 되면 부활하기가 쉬워집니다. 다만 이때는 지렁이 선의 중간 지점까지만 갈 수 있도록 하는 것이 좋습니다.

지렁이 굴곡 및 개울 만들기

달려가는 사람들에게 재미를 주기 위해 지렁이 선의 굴곡을 심하게 하면 꾸불꾸불 달려가는 재미가 있습니다. 또한 지렁이 중간을 일부러 끊어 놓고 그 끊어 놓은 곳은 껑충 뛰어서 건너가도록 하면 더 재미있습니다. 만약 앉은 사람이 이동하다가 끊어진 선을 만나면 앉아서 껑충뛰며 넘어야 합니다.

가위바위보 다양하게 하기

그냥 가위바위보를 하는 것보다 놀이를 다시 시작할 때마다 다양한 가위바위보를 하면 더 재미 있습니다.

액션 가위바위보 가위바위보를 할 때 다양한 동작을 마음대로 표현하도록 하되, 반드시 손은 가위바위보 중 하나를 내어야 합니다(예: 태권도 지르기 자세를 하면서 손은 가위를 내면 가위이고, 만세를 부르면서 주먹을 쥐면 바위가 됩니다).

황비홍 가위가위보 쿵푸의 자세를 가위바위보로 나타나게 합니다. 아이들끼리 미리 동작을 정해야합니다.

숫자 가위바위보 바위는 1, 가위는 2, 보는 3을 나타냅니다. 따라서 두명이 가위바위바위보를 했을 때, 한 명이 가위, 다른 한명이 보를 내면, 가위는 2, 보는 3이므로 이 두 숫자를 더한(2+3) "5"를 먼저 외치면 이깁니다. 이때 잘 못 외치면 무조건 집니다.

Work Book

53 돼지 씨름 럭비

돼지 씨름 럭비는 여왕벌 닭싸움과 돼지 씨름을 변형한 놀이로 돼지 씨름을 하며 상대방 왕돼지를 먼저 넘어뜨리면 이기는 놀이입니다. 좁은 공간에서도 쉽게 할 수 있으며 특히 무더운 여름날 그늘이나 교실에서도 할 수 있는 놀이입니다.

준비물	가로10m 세로5m직사각형 공간
인원	6~10인 1모둠
대형	아래 그림 참고
소요시간	10분 안팎

놀이방법

01 두 편으로 나눈다.

02 각 편은 왕, 공격하는 사람, 수비하는 사람을 정한다.

03 돼지씨름 자세를 하고 '시작' 신호와 함께 놀이를 시작한다.

04 상대편 왕돼지를 먼저 넘어뜨리거나 원 밖으로 밀어내는 편이 이긴다.

05 돼지씨름 자세가 풀리거나 넘어지면 아웃이 되어 돼지우리에 앉아서 기다린다.

06 수비하는 사람은 자기편 공격수가 모두 아웃 되기 전까지는 상대편으로 넘어갈 수 없다.

07 수비하는 사람은 자기편 왕돼지가 있는 원 안에 들어갈 수 없다.

주의사항

- 왕돼지를 보호하기 위해 수비하는 사람이 원 안에 들어가게 되는 경우가 많습니다. 이때는 수비하는 사람이 아웃이 됩니다.
- 저학년의 경우 놀이공간을 줄여주는 것이 좋습니다.
- 돼지씨름 기본자세를 유지하기 위해 노력하고, 규칙을 지켜가며 하도록 이야기 해줍니다.

돼지씨름 기본자세

부활하기

누구나 돼지우리에 있는 우리 편에게 가서 엉덩이로 살짝 밀치면, 밀쳐진 사람은 부활 하여 원래 자기 역할을 하며 놀이에 참여할 수 있게 합니다. 단 부활은 각자 한 번씩만 시켜줄 수 있습니다. 예로 광철이가 유진이를 부활시켜주면 광철이는 더 이상 아무도 부활 시켜줄 수 없습니다. 하지만 창수는 부활해서 다시 아웃된 유진이를 또 부활시켜줄 수 있습니다. 돼지우리에서는 서로 공격할 수 없으며, 또한 돼지우리에서 부활되어 나오는 사람과 부활시킨 사람을 곧장 공격할 수도 없습니다.

왕 이동하기

왕을 원 안에 가두지 않고 자유롭게 이동할 수 있도록 합니다. 이 경우 왕을 수비하는 사람들은 항상 왕을 둘레에서 보호해야 안전합니다.

집단 돼지씨름

원 또는 네모를 만들고 전체 학급이 들어가서 두 편으로 나누어 상대편을 모두 원 또는 네모 밖으로 몰아내기까지 돼지씨름을 하는 방법도 재미있습니다. 놀이공간의 넓이는 사람의 수에 따라 조절하되 크지 않도록 해야 합니다.

Work Book

놀이는 관계를 위한 행복의 출발점입니다

epilogue

interviewee (가나다순) ● 공창수 ● 박광철 ● 박현웅 ● 정유진
interviewer 불면의 편집자

어떻게 해서 지금과 같은 놀이수업 연구모임이 만들어지게 되었나요?

정유진(이하 정) 개인적으로 존경하는 선배 선생님들과 함께 공부하고 싶었습니다(일동 웃음).

박광철(이하 박광) 인디스쿨 안에서 놀이수업에 관심이 있는 선생님들의 자발적 스터디 모임으로 만나게 됐어요. 각자 학교는 다르지만 뭔가 우리가 아는 걸 모아서 만들어보자는 거였죠. 그게 대략 4년 전 일입니다. 당시에 수업이 끝나고 여섯 시쯤에 15명 안팎의 선생들이 모여서 놀이수업에 대해 토의하고 개선점을 정리해나갔죠.

박현웅(이하 박현) 놀이를 하려면 함께 놀 사람이 필요하니 놀이를 배워보고 함께 놀고 싶어 하는 선생님들을 각자 모시고 온 거죠.

정 가르친다는 개념이 아니라 함께 놀아보자는 개념으로 말이죠. 그때의 경험을 바탕으로 기존의 놀이수업을 발전시키고 새로운 놀이를 다듬을 수 있었어요. 저와 박광철 선생님은 노는 걸 좋아해서 아이디어는 많은데 정리하고 체계화하는 데는 약했어요. 하지만 공창수 선생님과 박현웅 선생님은 정리의 달인이라서 아이디어로 나온 놀이를 현실화하는 능력이 있으셨죠.

박광 성향이 서로 다르다보니 관점들이 달라요. 그래서 공동 작업을 하면서 서로 발견하지 못했던 걸 보충해주기도 하고 수정해주기도 하면서 조화될 수 있었어요.

공창수 선생님은 이 책에서 '그 밖의 공놀이' 부분을 주로 맡으셨습니다.

공놀이를 맡게 된 어떤 까닭이 있으신가요?

공창수(이하 공) 공놀이를 하기 위해서 네트 따위를 설치하려면 아무래도 귀찮다 보니 공놀이를 기피하게 되는 경향이 있어요. 그래서 이걸 손쉽게 하고 기본기만으로 즐겁게 놀 수 있도록 해보자, 하는 생각이 있었어요. 피구 말고도 축구, 배구, 족구 등 현장에서 손쉽게 할 수 있도록 정리해봤습니다.

박광 대회 나갔었잖아요. 그 얘긴 왜 빼.

공 과거에 임대진 선생님과 함께 교육용 소프트웨어 공모전에 〈신나는 구기활동〉으로 나간 적이 있는데 거기서 1등급을 받았습니다. 아, 이런 것도 말해야 하나(웃음)?

박현웅 선생님은 주로 '피구'를 많이 다루셨습니다.

박현 학교에서 가장 많이 하는 운동이 피구인데 운동장에서 하는 걸 보면 대부분 비슷한 방법으로 피구를 많이 하더라고요. 그런데 피구에 대한 자료를 찾아보니 생각보다 많은 종류가 있더라고요. 그리고 1년간 피구 부를 맡은 일이 있었어요. 피구를 여러 가지로 알아보고 적용해볼 수 있는 시간이었죠. 놀이방법을 조금만 바꿔 피구를 해도 아이들이 아주 좋아했어요. 그래서 놀이수업도 다양하게 했으면 좋겠다는 생각이 있었어요.

정유진 선생님은 책에서 가장 독특한 놀이인 'RPG 놀이'를 맡으셨는데요, 'RPG 놀이'를 만들게 된 까닭을 말씀해주세요.

정 저 자신이 드라마틱하고 독특한 놀이를 좋아해요. 기존의 놀이를 하더라도 스토리가 있는, 연극적인 놀이가 하고 싶었고. RPG 놀이를 하면 아이들이 모두 '뭐 이런 놀이가 다 있나, 컴퓨터 게임보다 재밌다'라는 반응

들이에요. RPG 놀이를 만든 까닭이 컴퓨터 게임에 빠진 아이들을 운동장으로 데려오고 싶었기 때문이었어요.

분량이 많고 복잡해서 아이들이 접근하기 힘들지도 모르겠다는 우려가 있지는 않았나요?

정 그래서 일단 쉬운 것부터 차근차근 할 수 있도록 차례를 정했어요. 역사 RPG 놀이의 경우는 고학년들이 역사의식이 있을수록 더 즐길 수 있죠. 그리고 역할만 확실히 부여한다면 아이들이 어려워하지 않아요. 교과과정을 응용하여 대입하면 학습효과도 훌륭하고요.

박광 RPG 놀이의 핵심은 간단해요. '자기 역할만 하면 된다!' 이거거든요.

공 RPG 놀이는 정말 개척한 거야.

박광 대한민국에서 처음이지.

박광철 선생님이 만든 놀이들 중에는 '술래잡기 놀이'가 눈에 띕니다.

박광 술래잡기는 가장 기본적인 놀이예요. 예전에 〈협력놀이〉를 만들었을 때 정유진 선생님이 저에게 그런 말을 했어요. "형 놀이는 하고 나면 항상 교육적인 게 남겨져. 그런데 그래서 재미없을 수가 있어." 그래서 이번엔 무조건 재밌게 만들어보자, 라고 생각하고 만들었어요. 어렸을 때 제가 놀고는 싶어도 몸이 약해서 제대로 놀지를 못했었는데, 그래서 아이들에게 놀이의 룰을 제시하곤 했어요. 그때 경험을 바탕으로 한 놀이를 지금의 아이들과 공유하고 싶은 생각이 있어요.

어째서 지금 이 시대에 놀이가 필요한 걸까요?

공 일단 아이들은 무조건 좋아해요(웃음).

박현 '놀이 문화를 빼앗겼다'라는 생각이 들어요.

박광 동네 형들에게 배웠던 놀이문화가 이제는 남아있지 않죠. 놀이는 관계입니다. 교사와 아이들이 함께 놀이를 하면 관계가 달라져요. 마음이

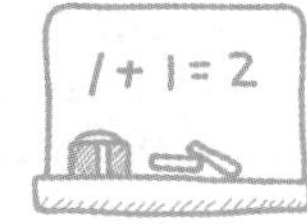

열리고 놀이 속에서 서로 소통하며 문제가 해결됩니다. 놀이를 하면서 아이들과 상담도 가능하구요.

박현 아이들은 몸을 움직이고 싶어 하는 욕구가 많아요. 놀이를 통해 욕구가 만족되면 공부도 더 잘될 수 있다고 봐요.

공 요즘 대부분의 유희는 혼자 하는 것들이에요. 놀이는 함께하는 즐거움을 알려주고 길을 만들어주는 기회입니다.

정 학급운영 차원에서 보면 놀이는 윤활유 역할을 합니다. 놀이를 통해서 존중, 책임, 배려, 문제해결에 대해 배울 수 있어요. 왜냐하면 이 가치들 중 하나라도 틀어지면 놀이는 이뤄지지 않기 때문이죠.

공 그리고 아이들과 놀이를 잘하는 선생님이 될 때 학급이 살고 그 안에서 아이들의 기가 잘 돌고 선생님의 기백도 높아지죠(일동 웃음).

이제 마무리입니다. 마지막 코멘트 및 미래 계획 기타 등등을 말씀 부탁드리겠습니다.

박현 못 놀아보았던 놀이들을 아이들과 더 놀아보고, 놀이수업을 좀 더 풍성하게 만들고 싶어요. 그리고 이 책이 그런 놀이를 찾는 선생님들께 많은 도움이 됐으면 좋겠어요.

공 이 책을 통해 학교의 행복지수가 상승했으면 좋겠습니다. 놀이는 조금만 관심 가지면 아이들 눈높이에서 배움을 줄 수 있는 과목이라고 생각해요.

박광 교사가 놀면서 행복해져야 한다고 봐요. 나도 놀아보니 할 수 있구나, 하는 그런 느낌을 받는 게 중요하죠. 개인적으로는 언어 코칭에 관심이 있어서 그를 놀이와 연계해볼까 하는 생각이 있어요. 그리고 이분들이 또 뭔가 하자고 할 텐데…(웃음).

정 이 책으로 아이들과 함께 놀아보고 싶고, 이 땅의 많은 선생님들이 아이들과 함께 행복해졌으면 좋겠습니다.

인터뷰하시느라 수고 많으셨습니다. 감사합니다.

TeacherVille 티처빌은 공교육 활성화를 목표로 학교와 교사를 위한 교육현장의 노하우를 공유하는 교육 콘텐츠 포털을 추구합니다.

풍요로운 수업과 따뜻한 교실을 만들어가는 선생님 마을!

교육부인가를 받아 설립된 원격연수기관으로 교사들의 전문성 향상과 학교 교육력 제고를 위하여 교실현장을 위한 온·오프라인 연수과정을 종합적으로 제공합니다.

수업지도 | 교과지도 | 학생지도 | 학급운영 | 독서/논술지도 | ICT활용 | 자격증과정 | 영어 | 자기계발 | 학급운영 자료 | 교원 역량 진단 | 공개수업 | 임용고시 | 수업시연 | 교실영어

티처빌 교육쇼핑몰은 연간 3만여 명의 선생님, 5,000개 학교가 믿고 찾는 국내 최대 교육전문 쇼핑몰로 학교 현장에 필요한 교육용 S/W, 교육자료 개발, 도서출판 및 학급운영 도서, 수업도구, 교구 등을 전문적으로 유통하고 있습니다.

옆 반 선생님의 즐겨찾기! 티처빌 교육쇼핑몰!

이용문의 1544-7783

취급상품 학급운영 추천도서-학급경영 수업도구 - 주제별 수업자료 - 선생님 복지상품 - 교육용 S/W , 교구, 기자재

취급상품 학교예산 후불제 - 학교서류 일괄제공 - 무료배송 - 구매대행 - 교과별 추천목록 제공

"사람의 학교 즐거운 학교"

선생님과 학생, 학부모가 함께하는 커뮤니티형 온라인학교입니다!

2000년 학교 교육 지원 사이트로 개설하여 현재 교사 및 학생, 학부모 등 약 80만 명의 회원을 확보하고 있는 국내 최대 교사 커뮤니티 사이트로 약 3만여 개의 교사 커뮤니티, 교원연수, 교육콘텐츠몰, 체험학습 등의 사업을 추진하고 있다. 또한 방대한 교육자료와 교육노하우를 보유하고 있으며, 특히 교사가 직접 관리하고 참여하는 UCC(User Created Content) 기반의 교육 포털입니다.

커뮤니티 (모임)	• 교육과 학교를 목적으로 설계된 커뮤니티를 배경으로 교사, 학생, 학부모가 만들어가는 인터넷 교육공동체를 지향합니다. • 사이버 학급을 통한 학습과 대화, 학급운영 교사, 학생, 학부모 간의 커뮤니케이션을 위한 SRP(School Relationship Planning) 기능을 제공합니다.
교육자료	• 상호작용형, 프로젝트형, 정보검색형 학습을 위한 WBL(Web-based Learning)을 마련하여 게임과 멀티미디어에 기반을 둔 Interactive 학습을 제공합니다. • 학급 운영 및 학습방법과 성격/적성을 진단하고 진로 선택을 도와주는 콘텐츠 등을 제공합니다.
체험학습	• 간접 지식으로 얻은 지식을 현장에서 체험함으로, 자신의 진정한 지식으로 습득하게 지원합니다. • 아이들을 공부 방법에 맞추는 것이 아닌, 공부 방법을 아이들에게 맞추는 인간 존중형 학습을 제공합니다. 학습자 개개인의 욕구와 각 특성이 중시되는 교육이 진행될 수 있도록, 우리 아이들이 진정 "배우는 재미"를 알 수 있도록 "가치경험"을 제공합니다.
리더십캠프	• 리더십캠프는 개인의 역량강화, 인간관계, 조직문제, 요구해결의 과업을 성공적으로 완수할 수 있도록 체계화된 프로그램을 통해 전달하고 있습니다. 리더십캠프의 종류로는 초등 대상의 '리더십캠프'와 중·고등 대상의 '자기주도학습 M.A.T.E.(메이트)리더십' 그리고 교사 대상의 '경쟁력강화 셀프리더십' 등이 있습니다.
광장(포럼)	• 교사와 교사 간, 교육관계 전체 간의 의견공유 공간을 마련하여, 이를 통한 상호 간의 이해와 정보공유를 할 수 있는 기회마련과 집단지성을 지향합니다. • 다양한 문제점 및 정보에 대해서 함께 공유할 수 있는 WBF(Web Based Forum)를 마련합니다.

www.njoyschool.net